사내공동근로복지기금시리즈 제3탄

사내공동근로복지기금법령집
(근로복지기본법령)

김승훈 지음

씽크스마트

사내공동근로복지기금법령집

김승훈

서울벤처대학원대학교 경영학 박사(사내근로복지기금 제1호박사)
중앙대학교대학원(경영학석사)
경영지도사(재무관리)
KBS사내근로복지기금 21년근무(1993.02~2013.11)
사내근로복지기금연구소 대표(2013.12~현재)

전)한국고용노동교육원 사내근로복지기금 강사
전)고용노동부 근로감독관 사내근로복지기금교육 강사
전)근로복지공단 선진기업복지지원단 사내근로복지기금 강사
전)근로복지공단 선진기업복지지원단 사내근로복지기금 컨설턴트(기본·심화)
전)한국생산성본부 사내근로복지기금 전임교수
전)한국능률협회 사내근로복지기금 전임교수
전)CFO아카데미 사내근로복지기금 전임교수
전)경총 사내근로복지기금 강사
전)한국인사관리협회 사내근로복지기금 강사
전)삼성증권, 기아차, 포스코DX, 쌍용자동차, SC은행 등 강의
현)한국은행,대한체육회,한국산업기술시험원,KT나스미디어,교보생명,한미글로벌,고려아연,
  포스코MC머티리얼즈,KB캐피탈,KPC,SK바이오팜,SK오앤에스 등 사내근로복지기금 자문
현)다음카페 사내근로복지기금동아리(http://cafe.daum.net/sanegikum) 카페지기
현)네이버카페 사내근로복지기금연구소(http://cafe.naver.com/sanegikum) 카페지기
현)한국가족기업학회 산학부회장

저서 및 논문

- 「사내공동근로복지기금 설립실무」(씽크스마트, 2025년 7월)
- 「사내근로복지기금 결산실무」(씽크스마트, 2025년 3월)
- 「사내근로복지기금 운영실무」(CFO아카데미, 2004년, 절판)
- 「사내근로복지기금 법인설립실무」(CFO아카데미, 2010년, 절판)
- 「한권으로 끝내는 사내근로복지기금 결산 및 세무실무」 (라의눈, 2014년, 절판)
- 「한권으로 끝내는 사내근로복지기금 회계 및 예산편성실무」 (라의눈, 2024년, 절판)
- 「한권으로 끝내는 사내근로복지기금 법인설립실무」 (라의눈, 2015년, 절판)
- 사내근로복지기금이 재무성과에 미치는 영향(경영학박사 논문, 2016년)
- 사내근로복지기금 운영실태와 개선방안(경영학석사, 2000년)
- 중소기업 선진기업복지제도 도입지원방안(근로복지공단, 2010년)
- 가족기입 사내근로복지기금의 가업승계 활용사례(한국가족기업학회, 2024년)
- 사내근로복지기금이 성장성과 노동생산성에 미치는 영향-KOSPI200 제조기업(금융공학회)
- 중소기업 및 벤처기업을 위한 사내근로복지기금 운영전략(한국산업경영시스템학회)

사내공동근로복지기금시리즈 제3탄

사내공동근로복지기금법령집
(근로복지기본법령)

김승훈 지음

씽크스마트

머리말

사내공동근로복지기금
시리즈를 시작하며

올해로 내가 사내근로복지기금 업무를 시작한지 33년째이다. 1993년 2월, ㈜대상에서 KBS사내근로복지기금으로 전직하여 사내근로복지기금 업무를 처음 시작했고 2004년 5월 우리나라에서 처음으로 사내근로복지기금 실무자교육 시작, 2013년 11월 21년간 다니던 KBS사내근로복지기금을 일반퇴직 후 그 해 12월에 사내근로복지기금연구소(www.sgbok.co.kr)와 사내근로복지기금연구소평생교육원을 창업하여 본격적으로 기금실무자 교육과 사내근로복지기금 컨설팅, 사내근로복지기금시리즈 도서 집필에 전념한지도 11년이 훌쩍 지났다. 어느 시인은 시간이 빨리 그리고 덧없이 지나감을 '꽃잎이 떨어진가 했더니 세월이더라'라고 표현했는데 33년 그동안 총 일곱 권의 사내근로복지기금 도서를 단독으로 집필했다.

사내근로복지기금 첫 기금실무자 교육을 개설하고 실무자 도서인 「사내근로복지기금 운영실무」 도서를 처음 집필한 때가 2004년이었다. 그 이후 2010년 「사내근로복지기금 설립실무」, 2014년 한권으로 끝내는 「사내근로복지기금 결산 및 세무실무」와 한권으로 끝내는 「사내근로복지기금 회계 및 예산편성실무」, 2015년 한권으로 끝내는 「사내근로복지기금법인 설립실무」를 계속 집필했다. 그때까지는 필요에 따른 단발성 도서 집필에 그쳤는데 사내근로복지기금 지식과 실무경험을 종합하여 <사내(공동)근로복지기금시리즈> 도서 집필에 대한 필요성과 갈증을 느꼈다. 2013년 12월, 사내근로복지기금연구소와 사내근로복지기금연구소평생교육원을 창업하고 그 다음 해인 2014년 4월부터 2015년 3월까지 꼬박 1년을 혼신을 다해 한 권으로 끝내는 사내근로복지기금 도서 세 권(결산 및 세무실무, 회계 및 예산편성실무, 기금법인 설립실무)을 집필한 경험이 큰 도움이 되었다.

지난 2023년 1월에 「사내근로복지기금 법인설립실무」 초판분이 모두 소진되었다는 소식을 듣고 개정판 집필에 대한 장고에 들어갔다. '한권으로 끝내는 사내근로복지기금 시리즈' 세 권을 집필하면서 너무 고생했던 지난 2014~15년 기억이 떠올랐고 사내근로복지기금 구분경리에 대한 이론 정립이 완성되지 않았기 때문이었다. 당시 두 번째와 세 번째 시리즈를 집필할 때는 경영학박사 학위논문 작성 시기와 겹쳐 가장 힘든 시기였다. 2년여에 걸쳐 여름 폭염과 겨울 한파 속에서 당시 구로동에 있던 사내근로복지기금연구소 사무실에서 두문불출하며 원고 작업을 해서 2년 만에 경영학박사 학위 논문(우리나라 제1호 사내근로복지기금 박사)과 '한권으로 끝내는 사내근로복지기금 시리즈' 결산·예산·설립실무 도서 세 권 집필을 완성했다.

그동안 많은 변화가 있었다. 내부적으로는 2016년 9월 사내근로복지기금연구소 본사를 구로구 구로동에서 현재 위치(강남구 논현동)로 이전하였고 홈페이지(www.sgbok.co.kr) 개설, 결산컨설팅 및 연간자문서비스 개시 등 사업 다각화 등 바쁘게 지냈다. 외부적으로는 공동근로복지기금제도가 도입되었고, 코로나19 팬데믹이 발생했고 기본재산 사용 방법이 확대되었다. 연구소 평생교육원의 교육을 수강한 기금실무자, 사내근로복지기금과 공동근로복지기금에 대한 정부지원금이 대폭 증액되면서 사내근로복지기금과 공동근로복지기금을 설립하려는 회사 관계자, 컨설팅을 하는 전문가, 사내근로복지기금과 공동근로복지기금에 관심있는 사람들로부터 《사내근로복지기금 결산 및 세무실무》 개정판이 언제 나오느냐, 공동근로복지기금 결산은 어떻게 해야 하느냐는 문의를 많이 받았다. 사내근로복지기금과 관련된 법령과 환경 변화가 심해 드디어 개정판 작업을 하기로 결심했지만 사내근로복지기금 구분경리에 대한 이론 정립에 많은 시간이 걸려 '사내공동근로복지기금 시리즈' 첫 번째 도서인 《사내근로복지기금 결산실무》 도서를 집필하는데 10년이 걸려 올해 4월에야 출간하게 되었다.

10년 만에 어렵게 구분경리 물꼬를 해결하고 '사내공동근로복지기금 시리즈' 첫 번째 도서를 출간하고 나니 이후 두 번째 도서인 《사내공동근로복지기금 설립실무》를 어렵지 않게 출간하였고, 이후 세 번째 도서인 《사내공동근로복지기금법령집》과 이후 《사내공동근로복지기금 관련법령집》, 《사내공동근로복지기금 회계실무》 도서도 올해 안에 순차적으로 출간될 예정이다. 이어서 추가로 올해 말까지 '사내공동근로복지기금 시리즈' 도서 한 두 권을 추가로 집필하면 2025년에 총 5 ~ 6권의 '사내공동근로복지기금 시리즈' 도서가 새로이 선을 보일 것이다. 2025~2026년은 '사내공동근로복지기금 시리즈' 집필에 집중하려 한다.

이 도서는 '사내공동근로복지기금시리즈' 세 번째 도서이고 사내근로복지기금연구소에서 진행되는 기금실무자 교육에서 기본으로 제공되는 교재였다. 이 도서의 특징은 다음과 같다.

첫째, 본 도서는 「근로복지기본법」 중에서 사내근로복지기금과 공동근로복지기금법인 설립과 운영·관리에 해당되는 조문과 규정들을 발췌 정리하였다.
둘째, 최신 「근로복지기본법」 조문 중 사내근로복지기금과 공동근로복지기금에 해당되는 법-시행령-시행규칙 조문을 해당 조문에 맞추어 3단으로 보기 쉽게 정리하였다.
셋째, 근로복지기본법령 중 사내근로복지기금과 공동근로복지기금에 해당되는 사내·공동근로복지기금 업무처리지침, 공동근로복지기금 지원사업 운영규정, 사내·공동근로복지기금 운용가이드라인 등 제 규정들을 정리하여 소개하였다.

이번에 발간되는 《사내공동근로복지기금법령집》이 사내근로복지기금과 공동근로복지기금 업무를 담당하고 있는 실무자나 임원, 새로이 사내근로복지기금과 공동근로복지기금을 설립하기 위해 준비 중인 기업의 관계자와 사내근로복지기금과 공동근로복지기금 컨설팅에 관심을 가지고 있는 전문가들, 특히 사내(공동)근로복지기금 설립과 운영에 두려움을 가지고 있는 실무자들에게 도움이 되었으면 하는 바람이다. 앞으로 발간될 '사내근로복지기금 시리즈' 도서에도 많은 관심과 지도 편달을 당부드린다.
사내공동근로복지기금 시리즈 도서가 나오기까지 가장 가까이에서 힘과 용기를 준 사랑하는 아내와 가족, 사내근로복지기금연구소 연구원, 고용노동부 사내(공동)근로복지기금 주무부서 관계자들, 33년 동안 사내근로복지기금 업무를 하면서 많은 조언을 해주신 많은 관계자분들에게도 감사의 마음을 전한다. 또한 줄판에 도움을 주신 씽크스마트 김태영 대표님과 관계자분께도 감사의 말을 전한다. 또한 이 책의 집필에 많은 성원과 격려를 아끼지 않고 관심을 보내준 사내근로복지기금과 공동근로복지기금 실무자, 사내근로복지기금평생교육원 수강생, 다음 카페 '사내근로복지기금' 동아리 회원, 네이버 카페 '사내근로복지기금연구소' 회원들께도 이 영광을 돌린다. 모쪼록 이 책을 필요로 하는 많은 분들께 두루 도움이 되었으면 하는 바람이다.

2025년 7월
김승훈

목 차

1장. 근로복지기본법·시행령·시행규칙
　1. 근로복지기본법·시행령·시행규칙(사내·공동근로복지기금 관련, 3단 조문)
　2. 근로복지기본법 시행령 별표(사내·공동근로복지기금 관련)
　3. 근로복지기본법 시행규칙 별지서식(사내·공동근로복지기금 관련)

2장. 사내·공동근로복지기금 업무처리지침
　1. 사내·공동근로복지기금 업무처리지침
　2. 사내·공동근로복지기금 업무처리지침 별지 서식

3장. 공동근로복지기금 지원사업 운영규정
　1. 공동근로복지기금 지원사업 운영규정
　2. 공동근로복지기금 지원사업 운영규정 별지서식

4장. 사내·공동근로복지기금 운용 가이드라인
　1. 사내·공동근로복지기금 운용 가이드라인
　2. 사내·공동근로복지기금 운용 가이드라인 별표

5장. 참고문헌
　1. 국내문헌

1장.
근로복지기본법·시행령·시행규칙

1. 근로복지기본법·시행령·시행규칙
   (사내·근로복지기금 관련, 3단 조문)

근로복지기본법

근로복지기본법	근로복지기본법 시행령	근로복지기본법 시행규칙
제1장 총칙 제1조(목적) ·········· 28 제2조(정의) ·········· 28 제3조(근로복지정책의 기본원칙) ·········· 29 제4조(국가 또는 지방자치단체의 책무) ·········· 30 제5조(사업주 및 노동조합의 책무) ·········· 30 제6조(목적 외 사용금지) ·········· 30 제7조(재원의 조성 등) ·········· 31 제8조(근로복지증진에 관한 중요사항 심의) ·········· 31 제9조(기본계획의 수립) ·········· 31 제10조(자료 제공 및 전산망 이용) ·········· 32 제11조(근로복지사업 추진 협의) ·········· 34 제12조(융자업무취급기관) ·········· 34 제13조(세제 지원) ·········· 35	제1조(목적) ·········· 28 제2조(산제) 제3조(융자업무취급기관) ·········· 34	제1조(목적) ·········· 28

- 10 -

근로복지기본법	근로복지기본법 시행령	근로복지기본법 시행규칙
제23조(보증한계) ··················	4조(근로자 신용보증의 보증료) ··················	
제24조(보증료) ··················		
제25조(통지의무) ··················		
제26조(보증채무의 이행 등) ··················	제5조(구상권 행사의 위탁) ··················	제5조(보증채무 이행사실의 통보) ··················
		제6조(구상권 행사 위탁기관의 선정) ··················
제27조(지연이자) ··················	제6조(접수처분) ··················	
	제7조(지연이자) ··················	
제4절 근로복지시설 등에 대한 지원		
제28조(근로복지시설 설치 등의 지원) ··················		
제29조(근로복지시설의 운영위탁) ··················		
제30조(이용료 등) ··················		
제31조(민간복지시설 이용비용의 지원) ··················		제7조(민간복지시설 이용비용의 지원) ··················
제3장 기업근로복지		
제1절 우리사주제도		

- 12 -

근로복지기본법	근로복지기본법 시행령	근로복지기본법 시행규칙
제32조(우리사주제도의 목적) ········		
제33조(우리사주조합의 설립) ········	제8조(우리사주조합의 설립 등) ········	제8조(우리사주조합 설립에 관한 협의사항) ········
		제9조(조합설립의 통지 등) ········
제34조(우리사주조합의 자격 등) ········	제9조(지배관계회사) ········	
제35조(우리사주조합의 운영 등) ········	제10조(우리사주조합원의 자격) ········	
	제11조(규약의 내용) ········	
	제12조(총회의 개최) ········	
	제13조(우리사주운영위원회의 구성·운영) ········	제10조(삭제)
제36조(우리사주조합기금의 조성 및 사용) ········	제14조(조합의 운영) ········	제11조(삭제)
	제15조(배당금의 처리) ········	
	제16조(보관 또는 예치 금융회사) ········	
	제17조(조합기금의 사용) ········	제12조(자사주 취득기한의 예외) ········
제37조(우리사주 취득에 따른 제정관리) ········	제18조(조합의 우리사주 취득) ········	
	제19조(조합의 우리사주 배정) ········	제13조(퇴직근로자에 대한 우리사주 배정) ········
제38조(우리사주조합원에 대한 우선배정의 범위) ········	제19조의2(우리사주조합원에 대한 우선 배정의 범위) ········	

- 13 -

근로복지기본법	근로복지기본법 시행령	근로복지기본법 시행규칙
제39조(우리사주매수선택권의 부여의 범위 등)	제20조(우리사주매수선택권)	제14조(우리사주매수선택권의 행사가격 산정을 위한 평가가격)
제40조(우리사주매수선택권 부여의 취소)		
제41조(우리사주의 우선배정 및 우리사주매수선택권 부여의 제한)		
제42조(우리사주조합의 차입을 통한 우리사주의 취득)	제21조(조합차입)	
제42조의2(우리사주취득 강요 금지 등)		
제43조(우리사주의 예탁 등)	제22조(수탁기관)	제15조(수탁기관)
	제23조(우리사주의 예탁기간)	제16조(우리사주의 취득기준일)
	제24조(예탁우리사주의 담보제공)	
	제24조의2(수탁기관의 업무)	
제43조의2(예탁우리사주의 손실보전거래 등)	제24조의3(우리사주손실보전거래회사)	
	제24조의4(우리사주손실거래상품)	
	제24조의5(우리사주최근소손실보전비율)	
제43조의3(예탁우리사주 대여)	제24조의6(우리사주대차거래 중개·주선 업무 금융회사)	
	제24조의7(우리사주 대여방법 등)	
제44조(우리사주 인출 등)	제25조(우리사주의 인출)	제17조(우리사주의 인출)

근로복지기본법	근로복지기본법 시행령	근로복지기본법 시행규칙
제45조(비상장법인의 우리사주의 처분)	제26조(인출주식의 우선매입)	
제45조의2(비상장법인의 우리사주 환매수)	제27조(환매수 가격)	
	제27조의2(비상장법인의 의무적 환매수)	
제46조(우리사주 보유에 따른 주주총회의 의결권 행사)	제28조(조합의 의결권 행사)	
제47조(우리사주조합의 해산)	제29조(조합 해산의 보고 등)	제18조(조합의 해산 사유)
		제19조(조합 해산의 보고)
제48조(우리사주제도 활성화 지원)		
제49조(근로자의 회사인수 지원)		
제49조의2(우리사주조합을 통한 회사인수에 관한 특례)	제29조의2(조합의 회사 인수)	
제2절 사내근로복지기금제도		
제50조(사내근로복지기금제도의 목적) ·········· 35		
제51조(근로자의 권익보호와 근로조건의 유지) ·········· 36		
제52조(법인격 및 설립) ·········· 36	제30조(기금법인의 설립인가 신청 등) · 37	제20조(사내근로복지기금법인의 설립인가 신청) ·········· 37

- 15 -

근로복지기본법	근로복지기본법 시행령	근로복지기본법 시행규칙
	제31조(정관의 기재사항) ……… 38	제21조(기금법인 설립인가 등) ……… 37
	제32조(기금법인의 설립등기 등) ……… 39	
	제33조(분사무소 설치의 등기) ……… 40	
	제34조(이전등기) ……… 41	
	제35조(변경등기 등) ……… 41	제22조(기본재산 중의 변경 내용 보고) ‥ 42
	제36조(첨부서류) ……… 42	
	제37조(기금법인의 등기절차) ……… 42	
제53조(정관변경) ……… 43	제38조(정관변경의 인가신청) ……… 43	제23조(정관변경의 인가신청 등) ……… 43
제54조(기금법인의 기관) ……… 44		
제55조(복지기금협의회의 구성) ……… 44	제39조(근로자위원의 선출) ……… 44	
	제40조(보결위원) ……… 45	
제56조(복지기금협의회의 기능) ……… 46	제41조(의장 등) ……… 46	제24조(사내근로복지기금협의회의 간사) ‥ 46
	제42조(회의 소집) ……… 46	
	제43조(정족수) ……… 46	
	제44조(회의 공개) ……… 47	
제57조(회의록 작성 및 보관) ……… 47		제25조(회의록 작성) ……… 47
제58조(이사 및 감사) ……… 47		
제59조(이사 등의 임기) ……… 48		
제60조(이사 등의 신분) ……… 48		
제61조(사내근로복지기금의 조성) ……… 48	제45조(사내근로복지기금에의 출연 등)‥ 48	

근로복지기본법	근로복지기본법 시행령	근로복지기본법 시행규칙
제62조(기금법인의 사업) ······ 49	제46조(기금법인의 사업 및 수혜대상) ······ 49	제26조(근로복지시설의 범위) ······ 50
제63조(사내근로복지기금의 운용) ······ 56	제47조(사내근로복지기금의 운용) ······ 56	제26조의2(수혜범위 확대의 기준) ······ 51
제64조(사내근로복지기금의 회계) ······ 56	제48조(사내근로복지기금의 회계원칙) ·· 56	
	제49조(사내근로복지기금의 예산과 결산) ······ 57	
제65조(기금법인의 관리·운영 서류의 작성 및 보관) ······ 57		
제66조(기금법인의 관리·운영사항 공개) ······ 58	제50조(기금법인의 관리·운영사항 공개) ······ 58	
제67조(기금법인의 부동산 소유) ······ 58	제51조(기금법인의 부동산 소유) ······ 58	
제68조(다른 복지와의 관계) ······ 59		
제69조(시정명령) ······ 59		제27조(시정기간) ······ 59
제70조(기금법인의 해산 사유) ······ 59	제52조(기금법인의 해산통지) ······ 59	제28조(해산) ······ 59
제71조(해산한 기금법인의 재산처리) ······ 60	제53조(미지급 금품의 지급) ······ 60	
	제54조(잔여재산의 귀속) ······ 60	
제72조(기금법인의 합병) ······ 61		
제73조(합병에 의한 기금법인의 설립 및 등기) ······ 62		
제74조(합병의 효력발생·효과) ······ 62		
제75조(기금법인의 분할·분할합병) ······ 62		

근로복지기본법	근로복지기본법 시행령	근로복지기본법 시행규칙
제76조(분할등에 의한 기금법인의 설립 및 등기) ……… 64		
제77조(분할등의 효력발생·효과) ……… 64		
제78조(비밀누지 등) ……… 64		
제79조(유사명칭의 사용금지) ……… 65		
제80조(「민법」의 준용) ……… 65		
제80조의2(삭제) ……… 65		
제3절 선택적 복지제도 및 근로자지원프로그램 등		
제81조(선택적 복지제도 실시) ……… 65		
제82조(선택적 복지제도의 설계·운영 등) ……… 66		제29조(운영원칙) ……… 65
제83조(근로자지원프로그램)	제55조(비밀유지를 위한 익명성 보장) ………	
제84조(성과 배분) ………		
제85조(발명·제안 등에 대한 보상) ………		
제86조(국가 또는 지방자치단체의 지원) ………		
제4절 공동근로복지기금		

- 18 -

근로복지기본법	근로복지기본법 시행령	근로복지기본법 시행규칙
제86조의2(공동근로복지기금의 조성) ·· 66	제55조의2(공동근로복지기금에의 출연) 67	
제86조의3(공동근로복지기금 설립준비위원회 구성) ······················ 67		
제86조의4(공동근로복지기금협의회의 구성) ·································· 67		
제86조의5(공동기금제도의 촉진) ········ 68	제55조의3(공동기금 법인사업의 지원) · 68	
제86조의6(기본재산의 공동기금 사업에의 사용) ···························· 70	제55조의4(공동기금법인의 기본재산 사용) ·································· 70	
제86조의7(공동기금법인에 중간참여) ··· 71		
제86조의8(공동기금법인의 탈퇴 및 재산처리) ······························ 71	제55조의5(공동기금법인의 탈퇴 사유 등) ·································· 71	제29조의2(공동근로복지기금법인의 탈퇴 등에 따른 재산처리) ·················· 71
제86조의9(개별 참여 사업주의 사업 폐지에 따른 재산처리) ················· 73		
제86조의10(공동기금법인의 분쟁조정) · 74		
제86조의11(공동기금법인의 해산사유) · 74		
제86조의12(해산한 공동기금법인의 재산처리) ······························ 75		
제86조의13(공동기금법인의 합병) ······ 75		
제86조의14(공동기금법인의 분할·분할합병) ······························ 76		

근로복지기본법	근로복지기본법 시행령	근로복지기본법 시행규칙
제86조의15(준용) ········ 76	제55조의6(준용) ········ 76	제29조의3(준용) ········ 76
제4장 근로복지진흥기금		
제87조(근로복지진흥기금의 설치) ······ 77		
제88조(근로복지진흥기금의 조성) ······ 77		
제89조(근로복지진흥기금의 회계연도) ······	제56조(그 밖의 수입금) ······	
제90조(근로복지진흥기금의 관리·운용) ······	제57조(진흥기금운용심의회의 구성 등) ······	
	제58조(진흥기금운용계획의 수립) ······	
	제59조(진흥기금의 결산 등) ······	
	제60조(진흥기금의 운용세칙) ······	
제91조(근로복지진흥기금의 용도) ····· 78	제61조(진흥기금의 용도) ······ 78	
제92조(회계처리의 구분 등) ······	제62조(진흥기금 운용의 감독) ······	
제5장 보칙		
제93조(지도·감독 등) ······ 80	제63조(기금법인의 운영상황 보고) ······ 80	제30조(기금법인의 운영상황 보고) ······ 80
	제64조(자료 제출의 요구 등) ······ 80	제31조(시정기간) ······ 81
		제32조(증표) ······ 81

근로복지기본법	근로복지기본법 시행령	근로복지기본법 시행규칙
제94조(위임 및 위탁) ······ 82	제65조(권한의 위임·위탁) ······ 82	제33조(업무처리규정) ······ 83
제95조(반환명령) ······ 83	제66조(보조금 또는 융자금의 반환절차) ······ 83	
제95조의2(특수형태근로종사자에 대한 특례) ······ 83	제66조의2(중개사설의 설치·운영 등) ··· 84	
	제66조의3(중개사설의 운영 업무 위탁) 86	
	제66조의4(민감정보 및 고유식별정보의 처리) ······ 87	
	제66조의5(규제의 재검토) ······ 88	제34조(규제의 재검토) ······ 88
제6장 벌칙		
제96조(벌칙) ······ 90		
제97조(벌칙) ······ 91		
제98조(양벌규정) ······ 92		
제99조(과태료) ······ 93	제67조(과태료의 부과기준) ······ 93	
부 칙 ······ 94	부 칙 ······ 94	부 칙 ······ 94

근로복지기본법	근로복지기본법 시행령	근로복지기본법 시행규칙
제정 2001. 8.14 법률 제6510호	제정 2001.12.27 대통령령 제17434호	제정 2001.12.31 노동부령 제181호
개정 2003. 5.29 법률 제6916호	개정 2004. 3.17 대통령령 제18312호	개정 2004.11.25 노동부령 제213호
2004. 1.29 법률 제7159호	2005. 9.30 대통령령 제19074호	2005. 9.30 노동부령 제236호
2005. 3.31 법률 제7469호	2006. 6.12 대통령령 제19513호	2006. 7.19 노동부령 제255호
2006.12.30 법률 제8135호	2008. 2.29 대통령령 제20681호	2007. 7.24 노동부령 제281호
2007. 8. 3 법률 제8635호	2008. 7.29 대통령령 제20947호	2010. 7.12 고용노동부령 제1호
2008. 2.29 법률 제8852호	2008.12.31 대통령령 제21214호	2011. 1. 3 고용노동부령 제15호
2008. 3.28 법률 제9042호	2009.10. 1 대통령령 제21765호	2012. 7.30 고용노동부령 제61호
2009. 2. 3 법률 제9407호	2010. 7.12 대통령령 제22269호	2014. 7.28 고용노동부령 제104호
2009.10. 9 법률 제9792호	2010.11.15 대통령령 제22493호	2015. 1. 2 고용노동부령 제121호
2010. 5.17 법률 제10303호	2010.12. 7 대통령령 제22516호	2016. 1.19 고용노동부령 제147호
2010. 6. 4 법률 제10339호	2012. 6. 5 대통령령 제23840호	2018. 1.29 고용노동부령 제212호
2010. 6. 8 법률 제10361호	2013. 8.27 대통령령 제24697호	2019.12.27 고용노동부령 제271호
2012. 2. 1 법률 제11461호	2014. 7.28 대통령령 제25520호	2021. 1. 5 고용노동부령 제307호
2014. 1.28 법률 제12370호	2014.12. 9 대통령령 제25840호	2021. 6. 9 고용노동부령 제318호
2014. 5.20 법률 제12626호	2015.12.30 대통령령 제26810호	2022.12.30 고용노동부령 제375호
2014.11.19 법률 제12844호	2016. 1.19 대통령령 제26908호	2023.10. 6 고용노동부령 제395호
2015. 1. 5 법률 제12989호	2016. 4.28 대통령령 제27113호	2025. 4.14 고용노동부령 제439호
2015. 6.22 법률 제13378호	2016.10.25 대통령령 제27556호	
2015. 7.20 법률 제13412호	2016.12.30 대통령령 제27751호	
2016. 1.27 법률 제13900호	2017. 6.27 대통령령 제28162호	
2016.12.27 법률 제14498호	2017.10.31 대통령령 제28411호	
2017. 7.26 법률 제14839호	2019.10.29 대통령령 제30175호	
2019. 4.30 법률 제16413호	2019.12.31 대통령령 제30298호	
2020.12. 8 법률 제17601호	2021. 1. 5 대통령령 제31364호	
2022. 6.10 법률 제18926호	2021. 6. 1 대통령령 제31720호	
	2022. 2.17 대통령령 제32448호	
	2023. 5.30 대통령령 제33492호	
	2023. 9.27 대통령령 제33776호	
	2025. 4. 8 대통령령 제35437호	

근로복지기본법	근로복지기본법 시행령	근로복지기본법 시행규칙
제1장 총칙 제1조(목적) 이 법은 근로복지정책의 수립 및 복지사업의 수행에 필요한 사항을 규정함으로써 근로자의 삶의 질을 향상시키고 국민경제의 균형 있는 발전에 이바지함을 목적으로 한다. 제2조(정의) 이 법에서 사용하는 용어의 뜻은 다음과 같다. 1. "근로자"란 직업의 종류와 관계없이 임금을 목적으로 사업이나 사업장에 근로를 제공하는 사람을 말한다. 2. "사용자"란 사업주 또는 사업 경영 담당자, 그 밖에 근로자에 관한 사항에 대하여 사업주를 위하여 행하는 자를 말한다. 3. "주택사업자"란 근로자에게 분양 또는 임대하는 것을 목적으로 주택을 건설하거나 구입하는 자를 말한다. 4. "우리사주조합"이란 주식회사의 소속 근로자가 그 주식회사의 주식을 취득·관리하기 위하여 이 법에서 정하는 요건을 갖추어 설립한 단체를 말한다. 5. "우리사주"란 주식회사의 소속 근로	제1조(목적) 이 영은 「근로복지기본법」에서 위임된 사항과 그 시행에 필요한 사항을 규정함을 목적으로 한다.	제1조(목적) 이 규칙은 「근로복지기본법」 및 같은 법 시행령에서 위임된 사항과 그 시행에 필요한 사항을 규정함을 목적으로 한다.

근로복지기본법	근로복지기본법 시행령	근로복지기본법 시행규칙
자 등이 그 주식회사에 설립된 우리사주조합을 통하여 취득하는 그 주식회사의 주식을 말한다.		
제3조(근로복지정책의 기본원칙) ① 근로복지(임금·근로시간 등 기본적인 근로조건은 제외한다. 이하 같다)정책은 근로자의 경제·사회활동의 참여기회 확대, 근로의욕의 증진 및 삶의 질 향상을 목적으로 하여야 한다. ② 근로복지정책을 수립·시행할 때에는 근로자가 성별, 나이, 신체적 조건, 고용형태, 신앙 또는 사회적 신분 등에 따른 차별을 받지 아니하도록 배려하고 지원하여야 한다. ③ 이 법에 따른 근로자의 복지향상을 위한 지원을 할 때에는 중소·영세기업 근로자, 기간제근로자(「기간제 및 단시간근로자 보호 등에 관한 법률」 제2조제1호에 따른 기간제근로자를 말한다), 단시간근로자(「근로기준법」 제2조제1항제8호에 따른 단시간근로자를 말한다), 파견근로자(「파견근로자 보호 등에 관한 법률」 제2조제5호에 따른 파견근로자를 말한다), 하수급인(「고용보험 및 산업재해보상보험의		

근로복지기본법	근로복지기본법 시행령	근로복지기본법 시행규칙
보험료징수 등에 관한 법률」 제2조제5호에 따른 하수급인을 말한다)이 고용하는 근로자, 저소득근로자 및 장기근속근로자가 우대될 수 있도록 하여야 한다.<개정 2019. 4. 30.>		
제4조(국가 또는 지방자치단체의 책무) 국가 또는 지방자치단체는 근로복지정책을 수립·시행하는 경우 제3조의 근로복지증진의 기본원칙에 따라 예산·기금·세제·금융상의 지원을 하여 근로자의 복지증진이 이루어질 수 있도록 노력하여야 한다.		
제5조(사업주 및 노동조합의 책무) ① 사업주(근로자를 사용하여 사업을 행하는 자를 말한다. 이하 같다)는 해당 사업장 근로자의 복지증진을 위하여 노력하고 근로복지정책에 협력하여야 한다. ② 노동조합 및 근로자는 근로의욕 증진을 통하여 생산성 향상에 노력하고 근로복지정책에 협력하여야 한다.		
제6조(목적 외 사용금지) 누구든지 국가 또는 지방자치단체가 근로자의 주거안정, 생활안정 및 재산형성 등 근로복지를 위		

근로복지기본법	근로복지기본법 시행령	근로복지기본법 시행규칙
하여 이 법에 따라 보조 또는 융자한 자금을 그 목적사업에만 사용하여야 한다. 제7조(재원의 조성 등) ① 국가 또는 지방자치단체는 이 법에 따른 근로복지사업에 필요한 재원(財源)의 조성에 적극 노력하여야 한다. ② 제1항에 따라 조성한 재원은 근로자복지증진을 위하여 필요한 경우 제87조에 따른 근로복지진흥기금에 출연하거나 융자할 수 있다. 제8조(근로복지증진에 관한 중요사항 심의) 이 법에 따른 근로복지에 관한 다음 각 호의 사항은 「고용정책 기본법」제10조에 다른 고용정책심의회(이하 "고용정책심의회"라 한다)의 심의를 거쳐야 한다. 1. 제9조제1항에 따른 근로복지증진에 관한 기본계획 2. 근로복지사업에 드는 재원 조성에 관한 사항 3. 그 밖에 고용정책에 관한 위원장이 근로복지정책에 관하여 회의에 부치는 사항		

근로복지기본법	근로복지기본법 시행령	근로복지기본법 시행규칙
제9조(기본계획의 수립) ① 고용노동부장관은 관계 중앙행정기관의 장과 협의하여 근로복지증진에 관한 기본계획(이하 "기본계획"이라 한다)을 5년마다 수립하여야 한다. ② 기본계획에는 다음 각 호의 사항이 포함되어야 한다. <개정 2016.1.27.> 1. 근로자의 주거안정에 관한 사항 2. 근로자의 생활안정에 관한 사항 3. 근로자의 재산형성에 관한 사항 4. 우리사주제도에 관한 사항 5. 사내근로복지기금제도에 관한 사항 6. 선택적 복지제도 지원에 관한 사항 7. 근로자지원프로그램 운영에 관한 사항 8. 근로자를 위한 복지시설의 설치 및 운영에 관한 사항 9. 근로복지사업에 드는 재원 조성에 관한 사항 10. 직전 기본계획에 대한 평가 11. 그 밖에 근로복지증진을 위하여 고용노동부장관이 필요하다고 인정하는 사항 ③ 고용노동부장관은 기본계획을 수립한 때에는 지체 없이 국회 소관 상임위원회에 보고하고 이를 공표하여야 한다. <개정 2016.1.27.>		

근로복지기본법	근로복지기본법 시행령	근로복지기본법 시행규칙
제10조(자료 제공 및 전산망 이용) ① 고용노동부장관은 제19조에 따른 생활안정자금 지원 및 제22조에 따른 신용보증 지원 등 이 법에 따른 근로복지사업을 수행하기 위하여 범인·행정안전부·보건복지부·국토교통부·국세청 등 국가기관과 지방자치단체의 장 및 관련 기관·단체에 다음 각 호의 자료의 제공 및 관계 전산망의 이용을 요청할 수 있다. 이 경우 자료의 제공 등을 요청받은 국가기관과 지방자치단체의 장, 관련 기관·단체는 정당한 사유가 없으면 이에 따라야 한다. 1. 소득금액증명(종합소득세 신고자용, 연말정산한 사업소득자용, 근로소득자용) 2. 주민등록표 등본·초본 3. 가족관계등록부(가족관계증명서, 혼인관계증명서, 기본증명서) 4. 지방세 세목별 과세증명원 5. 자동차 및 건설기계 등록 원부 6. 건물 및 토지 등기부 등본 7. 법인 등기사항증명서 ② 제1항에 따라 고용노동부장관에게 제공되는 자료 및 전산망 이용에 대하여는 수수료 또는 사용료 등을 면제한다.	제2조(자료 제공 및 전산망 이용) 삭제 (2014.7.28.)	

- 28 -

근로복지기본법	근로복지기본법 시행령	근로복지기본법 시행규칙
③ 고용노동부장관은 제1항에 따른 자료의 제공 및 관계 전산망의 이용을 요청할 경우 사전에 당사자의 동의를 받아야 한다.<신설 2014. 1. 28.>		
제11조(근로복지사업 추진 협의) 지방자치단체, 국가의 보조를 받는 비영리법인이 근로복지사업을 추진하는 경우에는 고용노동부장관과 협의하여야 한다. 다만, 지방자치단체가 관할 구역 안에서 해당 지방자치단체의 예산으로만 근로복지사업을 추진하는 경우에는 협의를 거치지 아니할 수 있다.(2022.6.10., 단서신설)		
제12조(융자업무취급기관) ① 국가 또는 지방자치단체는 다음 각 호의 금융회사 등(이하 "융자업무취급기관"이라 한다)으로 하여금 이 법에 따른 융자업무를 취급하게 할 수 있다. 1. 「은행법」 제8조제1항에 따라 설립한 은행 2. 그 밖에 대통령령으로 정하는 금융회사 등 ② 고용노동부장관 및 지방자치단체의 장은 근로자를 우대하는 융자업무취급기관에 대하여 이 법에 따른 융자업무	제3조(융자업무취급기관) 「근로복지기본법」(이하 "법"이라 한다) 제12조제1항제2호에서 "대통령령으로 정하는 금융회사 등"이란 다음 각 호의 금융회사를 말한다.<개정 2014.7.28, 2022.2.17.> 1. 「농업협동조합법」에 따른 농협은행 2. 「수산업협동조합법」에 따른 수산업협동조합중앙회 3. 「한국산업은행법」에 따른 한국산업은행 4. 「중소기업은행법」에 따른 중소기업은행 5. 「새마을금고법」에 따른 새마을금고와 그 중앙회	

근로복지기본법	근로복지기본법 시행령	근로복지기본법 시행규칙
취급 등을 우선하게 할 수 있다.	6. 「자본시장과 금융투자업에 관한 법률」에 따른 증권금융회사	
제13조(세제 지원) 국가 또는 지방자치단체는 이 법에 따른 주거안정 · 생활안정 · 재산형성, 근로복지시설 및 근로복지진흥기금의 설치 · 운영, 우리사주제도 및 사내근로복지기금제도의 활성화 등 근로자의 복지증진을 위하여 조세에 관한 법률에서 정하는 바에 따라 세제상의 지원을 할 수 있다.		
제14조(근로복지종합정보시스템 운영) ① 고용노동부장관은 근로복지정책을 효과적으로 수행하기 위하여 근로복지종합정보시스템을 구축하여 운영할 수 있다. ② 고용노동부장관은 제1항의 근로복지종합정보시스템을 통하여 근로자지원프로그램 및 선택적 복지제도의 운영을 지원할 수 있다.		
제3장 기업근로복지		
제1절 우리사주제도		
제2절 사내근로복지기금제도		

근로복지기본법	근로복지기본법 시행령	근로복지기본법 시행규칙
제50조(사내근로복지기금제도의 목적) 사내근로복지기금제도는 사업주로 하여금 사업 이익의 일부를 재원으로 사내근로복지기금을 설치하여 효율적으로 관리·운용하게 함으로써 근로자의 생활안정과 복지증진에 이바지하게 함을 목적으로 한다.<개정 2020. 5. 26.> 제51조(근로자의 권익보호와 근로조건의 유지) 사용자는 이 법에 따른 사내근로복지기금의 설립 및 출연을 이유로 근로관계 당사자 간에 정하여진 근로조건을 낮출 수 없다.<개정 2020. 5. 26.> 제52조(법인격 및 설립) ① 사내근로복지기금은 법인으로 한다. ② 사내근로복지기금법인(이하 "기금법인"이라 한다)을 설립하려는 경우에는 해당 사업 또는 사업장(이하 "사업"이라 한다)의 사업주가 기금법인설립준비위원회(이하 "준비위원회"라 한다)를 구성하여 설립에 관한 사무와 설립 당시의 이사 및 감사의 선임에 관한 사무를 담당하게 하여야 한다. ③ 준비위원회의 구성방법에 관하여는		

근로복지기본법	근로복지기본법 시행령	근로복지기본법 시행규칙
제55조를 준용한다. ④ 준비위원회는 대통령령으로 정하는 바에 따라 기금법인의 정관을 작성하여 고용노동부장관의 설립인가를 받아야 한다. ⑤ 준비위원회가 제4항에 따른 설립인가를 받으려는 경우 기금법인의 설립인가신청서에 대통령령으로 정하는 서류를 첨부하여 고용노동부장관에게 제출하여야 한다.<신설 2014.1.28>	제30조(기금법인의 설립인가 신청 등) ① 법 제52조제5항에서 "대통령령으로 정하는 서류"란 다음 각 호의 서류를 말한다. <개정 2014.7.28. 2021.06.01., 2023.> 1. 정관 2. 기금법인설립준비위원회(이하 "준비위원회"라 한다) 위원의 재적증명서나 그 밖에 신분을 증명하는 서류 3. 사내근로복지기금 출연확인서 또는 재산목록 4. 사업계획서 및 예산서 5. 삭제 <2023. 9. 27.>	제20조(사내근로복지기금법인 등의 설립인가 신청) 법 제52조제5항(법 제86조의15에 따라 준용되는 경우를 포함한다)에 따른 설립인가신청서는 별지 제7호서식에 따른다. <개정 2021. 6. 9.> [전문개정 2016. 1. 19.]
⑥ 고용노동부장관은 제5항에 따른 신청을 받은 때에는 다음 각 호의 어느 하나에 해당하는 경우를 제외하고는 설립인가를 하여야 한다.<신설 2014.1.28> 1. 제4항에 따른 정관의 기재사항을 빠뜨린 경우 2. 제4항에 따른 정관의 내용이 제50	② 고용노동부장관은 법 제52조제6항에 따라 기금법인의 설립을 인가한 경우 에 다음 각 호의 사항을 기금법인 설립인가대장에 적고, 신청인에게 기금법인 설립인가증을 내주어야 한다.<개정 2014.7.28> 1. 인가번호 및 인가 연월일 2. 기금법인의 명칭 및 사무소의 소재지	제21조(사내근로복지기금법인 등의 설립인가 등) 영 제30조제2항(영 제55조의6에 따라 준용되는 경우를 포함한다)에 따른 설립인가대장 및 설립인가증은 각각 별지 제8호서식 및 별지 제9호서식에 따른다. <개정 2021. 6. 9.> [전문개정 2016.1.19.]

근로복지기본법	근로복지기본법 시행령	근로복지기본법 시행규칙
조, 제51조 및 제62조에 위반되는 경우 3. 제5항에 따라 제출하여야 하는 서류를 제출하지 아니하거나 거짓으로 제출한 경우	3. 사내근로복지기금협의회(이하 "복지기금협의회"라 한다) 위원의 성명 및 직책 4. 그 밖에 고용노동부장관이 필요하다고 인정한 사항 ③ 기금법인 설립인가신청서는 접수일부터 20일 이내에 처리하여야 한다. ④ 제2항에 따른 기금법인 설립인가대장은 전자적 처리를 할 수 없는 특별한 사유가 있는 경우가 아니면 전자적 방법으로 작성·관리하여야 한다. 제31조(정관의 기재사항) ① 법 제52조제4항에 따른 기금법인의 정관에는 다음 각 호의 사항이 포함되어야 한다. 1. 목적 2. 명칭 3. 주된 사무소와 분사무소의 소재지 4. 사내근로복지기금의 조성, 관리방법, 출연 시기 및 회계에 관한 사항 5. 복지기금협의회, 이사 및 감사에 관한 사항 6. 이사의 대표권 행사방법에 관한 사항 7. 기금법인의 사업 및 수혜대상에 관한 사항 8. 제46조제3항에 따른 선택적 복지제	

- 33 -

근로복지기본법	근로복지기본법 시행령	근로복지기본법 시행규칙
⑦ 준비위원회는 제4항에 따라 설립인가를 받았을 때에는 설립인가증을 받은 날부터 3주 이내에 기금법인의 주된 사무소의 소재지에서 기금법인의 설립등기를 하여야 하며, 기금법인은 설립등기를 함으로써 성립한다. <개정 2014.1.28> ⑧ 기금법인의 설립등기와 그 밖의 다른 등기에 관하여 구체적으로 필요한 사항은 대통령령으로 정한다. <개정 2014.1.28>	도를 운영하는 경우에는 그에 관한 사항 9. 정관의 변경에 관한 사항 10. 기금법인의 사업과 다른 복지사업과의 통합운영에 관한 사항 11. 기금법인의 업무수행상 필요한 부동산 소유에 관한 사항 12. 회의에 관한 사항 13. 기금법인의 관리, 운영사항의 공개방법에 관한 사항 14. 기금법인의 해산에 관한 사항 ② 최초로 작성한 정관은 준비위원회의 위원이 각각 서명하거나 기명날인하여야 한다. 제32조(기금법인의 설립등기 등) ① 법 제52조제8항에 따른 기금법인의 설립등기는 제30조제2항에 따라 설립인가증을 받은 날부터 3주 이내에 그 기금법인의 주된 사무소의 소재지에서 하여야 한다. <개정 2014.7.28.> ② 제1항에 따른 기금법인의 설립등기 사항은 다음 각 호와 같다.<개정 2017. 10. 31.> 1. 목적 2. 명칭	

근로복지기본법	근로복지기본법 시행령	근로복지기본법 시행규칙
	3. 주된 사무소와 분사무소의 소재지 4. 법 제61조제1항 및 제2항에 따라 출연받은 재산 및 복지기금협의회에서 출연재산으로 편입할 것을 의결한 재산(이하 "기본재산"이라 한다)의 총액 5. 이사의 성명과 주소 6. 대표권에 관한 사항 ③ 고용노동부장관은 제1항에 따른 설립등기 내용에 대해서는 「전자정부법」 제36조제1항에 따른 행정정보의 공동이용을 통하여 법인 등기사항증명서를 확인하여야 한다. 제33조(분사무소 설치의 등기) ① 기금법인이 분사무소를 설치하였을 때에는 다음 각 호의 구분에 따라 등기 소에 해당 사항을 등기하여야 한다. 1. 주된 사무소의 관할 등기소: 분사무소를 설치한 날부터 3주 이내에 그 설치된 분사무소의 명칭과 소재지. 다만, 기금법인 설립과 동시에 분사무소를 설치한 경우에는 기금법인 설립등기 시에 분사무소의 명칭과 소재지도 등기하여야 한다. 2. 새로 설치한 분사무소의 관할 등기소: 분사무소를 설치한 날부터 3주	

근로복지기본법	근로복지기본법 시행령	근로복지기본법 시행규칙
	이내에 제32조제2항 각 호의 사항 3. 이미 설치되어 있는 분사무소의 관할 등기소: 분사무소를 새로 설치한 날부터 3주 이내에 새로 설치된 분사무소의 명칭과 소재지 ② 주된 사무소 또는 분사무소의 소재지를 관할하는 등기소와 같은 구역 내에 분사무소를 설치하였을 때에는 분사무소를 설치한 날부터 3주 이내에 그 분사무소의 명칭과 소재지만을 등기한다. 제34조(이전등기) ① 기금법인은 그 주된 사무소 또는 분사무소를 다른 등기소의 관할구역으로 이전하였을 때에는 이전한 날부터 3주 이내에 구소재지에서는 신소재지와 이전 연월일을 등기하여야 하고, 신소재지에서는 제32조제2항 각 호의 사항을 등기하여야 한다. ② 같은 등기소의 관할구역에서 주된 사무소 또는 분사무소를 이전하였을 때에는 주된 사무소 또는 분사무소를 이전한 날부터 3주 이내에 신소재지와 이전 연월일을 등기하여야 한다. 제35조(변경등기 등) ① 기금법인은 제32조	

근로복지기본법	근로복지기본법 시행령	근로복지기본법 시행규칙
	제2항 각 호(제4호는 제외한다)의 어느 하나에 해당하는 사항이 변경되었을 때에는 3주 이내에 변경등기를 하여야 한다. ② 기금법인은 기본재산의 총액이 변경되었을 때에는 3주 이내에 변경 내용을 고용노동부장관에게 보고하여야 한다.<개정 2017. 10. 31.> ③ 제33조, 제34조 및 제1항에 따른 본사무소의 설치등기·이전등기·변경등기에 따른 등기내용의 확인에 관하여는 제32조제3항을 준용한다. 제36조(첨부서류) 제32조제1항, 제33조부터 제35조까지의 규정에 따른 등기를 할 때에는 다음 각 호의 구분에 따른 서류를 첨부하여야 한다. 1. 제32조제1항에 따른 설립등기: 기금법인의 정관 및 설립인가증 2. 제33조에 따른 본사무소의 설치등기: 해당 본사무소의 설치를 증명하는 서류 3. 제34조에 따른 이전등기: 사무소의 이전을 증명하는 서류 4. 제35조에 따른 변경등기: 해당 변경사항을 증명하는 서류 제37조(기금법인의 등기절차) 기금법인의	제22조(기본재산 중에 변경 내용 보고) 영 제35조제2항(영 제55조의6에 따라 준용되는 경우를 포함한다)에 따른 기본재산 중에의 변경 내용에 대한 보고는 별지 제10호서식에 따른다. <개정 2016. 1. 19., 2021. 6. 9.>

근로복지기본법	근로복지기본법 시행령	근로복지기본법 시행규칙
⑨ 준비위원회는 제7항에 따라 법인이 성립됨과 동시에 제55조에 따라 최초로 구성된 사내근로복지기금협의회(이하 "복지기금협의회"라 한다)로 본다.<개정 2014.1.28> ⑩ 준비위원회는 기금법인의 설립등기를 한 후 지체 없이 기금법인의 이사에게 사무를 인계하여야 한다.<개정 2014.1.28> 제53조(정관변경) 기금법인이 정관을 변경하려는 때에는 대통령령으로 정하는 바에 따라 고용노동부장관의 인가를 받아야 한다.	등기는 이 영에 특별한 규정이 없으면 「상업등기법」의 등기절차 및 이의 신청의 예에 따른다. 제38조(정관변경의 인가신청) ① 법 제53조에 따라 기금법인의 정관변경을 인가받으려는 자는 고용노동부령으로 정하는 바에 따라 정관변경 인가신청서에 다음 각 호의 서류를 첨부하여 고용노동부장관에게 신청하여야 한다. 1. 정관변경 이유서 2. 개정될 정관(신·구조문대비표 첨부) 3. 정관변경에 관한 복지기금협의회 회의록 사본 ② 정관변경의 인가신청 절차 및 인가서 발급에 관하여는 제30조제1항 및 제2항을 준용한다. 이 경우 "기금법인	제23조(정관변경의 인가신청 등) 영 제38조제1항 및 제2항(영 제55조의6에 따라 준용되는 경우를 포함한다)에 따른 정관변경 인가신청서 및 정관변경인가서는 각각 별지 제11호서식 및 별지 제12호서식에 따른다.<개정 2021.6.9.> [전문개정 2016. 1. 19.]

- 38 -

근로복지기본법	근로복지기본법 시행령	근로복지기본법 시행규칙
	의 설립인가"를 "기금법인의 정관변경인가"로, "기금법인 설립인가신청서"를 "기금법인 정관변경인가신청서"로, "기금법인의 설립을 인가한 경우"를 "기금법인의 정관변경을 인가한 경우"로, "기금법인 설립인가증"을 "기금법인 정관변경인가증"으로 본다. ③ 정관변경 인가신청서는 접수일부터 7일 이내에 처리하여야 한다.	
제54조(기금법인의 기관) 기금법인에는 복지기금협의회, 이사 및 감사를 둔다.		
제55조(복지기금협의회의 구성) ① 복지기금협의회는 근로자와 사용자를 대표하는 같은 수의 위원으로 구성하며, 각 2명 이상 10명 이하로 한다. ② 근로자를 대표하는 위원은 대통령령으로 정하는 바에 따라 근로자가 선출하는 사람이 된다. ③ 사용자를 대표하는 위원은 해당 사업의 대표자와 그 대표자가 위촉하는 사람이 된다. ④ 제2항과 제3항에도 불구하고 「근로자참여 및 협력증진에 관한 법률」에 따		제39조(근로자위원의 선출) ① 법 제55조제2항에 따라 근로자를 대표하는 위원(이하 "근로자위원"이라 한다)은 근로자의 직접·비밀·무기명 투표로 선출한다. 다만, 다음 각 호의 경우에는 다음 각 호의 구분에 따른다. 1. 근로자의 과반수로 조직된 노동조합이 있는 경우: 노동조합의 대표자와 그 노동조합이 선출하는 사람을 근로

근로복지기본법	근로복지기본법 시행령	근로복지기본법 시행규칙
는 노사협의회가 구성되어 있는 사업의 경우에는 그 노사협의회 위원이 복지기금협의회의 위원이 될 수 있다.	자위원으로 선출 2. 사업의 특성상 부득이하다고 인정되는 경우: 작업 부서별로 근로자 수에 비례하여 근로자위원을 선출할 선거인(이하 이 호에서 "위원선거인"이라 한다)을 선출하고 위원선거인 과반수의 직접·비밀·무기명 투표로 근로자위원을 선출 ② 근로자위원의 선출 절차, 후보자의 등록 및 자격은 복지기금협의회의 결정에 따른다.	
	제40조(보궐위원) ① 복지기금협의회의 위원에 결원이 생겼을 때에는 30일 이내에 보궐위원을 위촉하거나 선출하여야 한다. ② 근로자의 과반수로 조직된 노동조합이 없는 사업의 경우 근로자위원 중 결원이 생겼을 때에는 직전 선출 시의 입후보자의 득표순에 따른 차점자를 근로자위원으로 할 수 있다.	
제56조(복지기금협의회의 기능) ① 복지기금협의회는 다음 사항을 협의·결정한다. <개정 2020. 12. 8.>		

근로복지기본법	근로복지기본법 시행령	근로복지기본법 시행규칙
1. 사내근로복지기금 조성을 위한 출연금액의 결정 2. 이사 및 감사의 선임과 해임 3. 사업계획서 및 감사보고서의 승인 4. 정관의 변경 5. 사업 내의 다른 근로복지제도와의 통합운영 여부 결정 6. 기금법인의 합병 및 분할·분할합병 ② 복지기금협의회의 운영에 관한 사항은 대통령령으로 정한다.	제41조(이장 등) ① 복지기금협의회의 의장은 두며, 의장은 위원 중에서 호선(互選)한다. ② 의장은 복지기금협의회를 대표하며, 복지기금협의회의 사무를 총괄한다. ③ 사용자를 대표하는 위원(이하 "사용자위원"이라 한다)측과 근로자위원에서는 회의 기록 등 사무를 담당하는 간사 각 1명을 둔다. 제42조(회의 소집) ① 복지기금협의회의 회의는 의장이 소집한다. ② 근로자위원측 또는 사용자위원측에 부치는 사항을 문서로 명시하여 회의의 소집을 요구하였을 때에는 의장은 지체 없이 회의를 소집하여야 한다. ③ 의장은 회의 개최 7일 전까지 회의 일시·장소 및 의제 등을 각 위원에게	제24조(사내근로복지기금협의회 간사) 영 제41조제3항에 따른 간사는 근로자위원의 경우에는 근로자위원 중에서, 사용자위원의 경우에는 사용자위원 중에서 각각 호선(互選)하여 선출된 사람으로 한다.

- 41 -

근로복지기본법	근로복지기본법 시행령	근로복지기본법 시행규칙
	통보하여야 한다.	
	제43조(정족수) 복지기금협의회의 회의는 근로자위원과 사용자위원의 각 과반수 출석으로 개의(開議)하고, 출석위원 3분의 2 이상의 찬성으로 의결한다.	
	제44조(회의의 공개) 복지기금협의회의 회의는 공개한다. 다만, 복지기금협의회의 의결로 공개하지 아니할 수 있다.	
제57조(회의록의 작성 및 보관) 기금법인은 다음 각 호의 사항을 기록한 복지기금협의회의 회의록을 작성하여 출석위원 전원의 서명 또는 날인을 받아야 하며, 작성일부터 10년간 이를 보관하여야 한다. 이 경우 그 회의록을 전자문서로 작성·보관할 수 있다. 1. 개최 일시 및 장소 2. 출석위원 3. 협의내용 및 결정사항 4. 그 밖의 토의사항		제25조(회의록의 작성) 법 제57조(법 제86조의15에 따라 준용되는 경우를 포함한다)에 따른 회의록은 별지 제13호서식에 따른다. <개정 2016.1.19., 2021. 6. 9.>
제58조(이사 및 감사) ① 기금법인에 근로자와 사용자를 대표하는 같은 수의 각 3		

- 42 -

근로복지기본법	근로복지기본법 시행령	근로복지기본법 시행규칙
명 이내의 이사와 각 1명의 감사를 둔다. ② 이사는 정관으로 정하는 바에 따라 기금법인을 대표하며, 다음 각 호의 사항에 대한 사무를 집행한다. 1. 기금법인의 관리·운영에 대한 사항 2. 예산의 편성 및 결산에 대한 사항 3. 사업보고서의 작성에 대한 사항 4. 정관으로 정하는 사항 5. 그 밖에 이사가 집행하도록 복지기금협의회가 협의·결정하는 사항 ③ 기금법인의 사무집행은 이사의 과반수로 결정한다. ④ 감사는 기금법인의 사무 및 회계에 관한 감사를 한다. 제59조(이사 등의 임기) <제59조 삭제, 2015.7.20., 시행2016.1.21.> 제60조(이사 등의 신분) ① 복지기금협의회의 위원, 이사 및 감사는 비상근(非常勤)·무보수로 한다. ② 사용자는 복지기금협의회 위원, 이사 및 감사에 대하여 기금법인에 관한 직무수행을 이유로 불이익한 처우를 하여서는 아니 된다. ③ 복지기금협의회의 위원, 이사 및 감		

근로복지기본법	근로복지기본법 시행령	근로복지기본법 시행규칙
사의 기금법인 업무수행에 필요한 시간에 대하여는 근로한 것으로 본다. 제61조(사내근로복지기금의 조성) ① 사업주는 직전 사업연도의 법인세 또는 소득세 차감 전 순이익의 100분의 5를 기준으로 복지기금협의회의 협의·결정하는 금액을 대통령령으로 정하는 바에 따라 사내근로복지기금의 재원으로 출연할 수 있다. ② 사업주 또는 사업주 외의 자는 제1항에 따른 출연 외에 유가증권, 현금, 그 밖에 대통령령으로 정하는 재산을 출연할 수 있다. 제62조(기금법인의 사업) ① 기금법인은 그 수익금으로 대통령령으로 정하는 바에 따라 다음 각 호의 사업을 시행할 수 있다.<개정 2020. 12. 8.> 1. 주택구입자금등의 보조, 우리사주 구입의 지원 등 근로자 재산형성을 위한 지원	제45조(사내근로복지기금의 출연 등) ① 사업주가 법 제61조제1항에 따라 사내근로복지기금에 출연할 때에는 복지기금협의회의 결정이 있는 날부터 30일 이내에 출연 시기를 정하여 복지기금협의회에 통보하여야 하며, 법 제61조제2항에 따라 출연할 때에도 출연하기 전에 복지기금협의회에 통보하여야 한다. ② 법 제61조제2항에서 "대통령령으로 정하는 재산"이란 법 제67조에 따른 기금법인의 업무수행상 필요한 부동산과 정관에서 정한 재산을 말한다. ③ 제1항에 따른 출연방법 등에 관하여 필요한 사항은 정관으로 정한다. 제46조(기금법인의 사업 및 수혜대상) ① 법 제62조제1항 및 제3항에 따른 기금법인의 사업은 근로자 전체에게 혜택을 줄 수 있도록 하되, 저소득 근로자가 우대받을 수 있도록 하여야 한다.	

- 44 -

근로복지기본법	근로복지기본법 시행령	근로복지기본법 시행규칙
2. 장학금·재난구호금의 지급, 그 밖에 근로자의 생활원조 3. 모성보호 및 일과 가정생활의 양립을 위하여 필요한 비용 지원 4. 기금법인 운영을 위한 경비지급 5. 근로복지시설로서 고용노동부령으로 정하는 시설에 대한 출연·출연 또는 같은 시설의 구입·설치 및 운영 6. 해당 사업으로부터 직접 도급받는 업체의 소속 근로자 및 해당 사업에의 파견근로자의 복리후생 증진 6의2. 제86조의2제1항에 따른 공동근로복지기금 지원 7. 사용자가 임금 및 그 밖의 법령에 따라 근로자에게 지급할 의무가 있는 것 외에 대통령령으로 정하는 사업	② 법 제62조제1항제7호에서 "대통령령으로 정하는 사업"이란 다음 각 호의 사업을 말한다. 1. 근로자의 체육·문화활동의 지원 2. 근로자의 날 행사의 지원 3. 그 밖에 근로자의 재산 형성의 지원 및 생활 원조를 위한 사업으로서 정관에서 정하는 사업	제26조(근로복지시설의 범위) ① 법 제62조제1항제5호에 따른 근로복지시설은 다음 각 호와 같다.<개정 2015. 1. 2., 2019. 12. 27., 2021. 6. 9.> 1. 근로자를 위한 기숙사 2. 사내구판장 3. 보육시설. 다만, 「영유아보육법」 제14조제1항에 따라 사업주가 설치·운영할 의무가 있는 직장보육시설은 제외한다. 4. 근로자를 위한 휴양 콘도미니엄 5. 근로자의 여가 및 문화 활동을 위한 복지회관 6. 「소득세법 시행규칙」 제9조의2제1항에 따른 사택(신설2015.1.2.) 7. 법 제86조의3에 따른 공동근로복지기금법인이 근로자의 주거안정을 위하여 근로자에게 무상 또는 저가로 제공하는 주택(신설2019.12.27.) ② 제1항에 따른 근로복지시설은 이용 근로자 수를 고려하여 적정한 규모로 하여야 한다.

근로복지기본법	근로복지기본법 시행령	근로복지기본법 시행규칙
② 기금법인은 제61조제1항 및 제2항에 따라 출연받은 재산 및 복지기금의 회계에서 출연재산으로 편입할 것을 의결한 재산(이하 "기본재산"이라 한다) 중에서 대통령령으로 정하는 바에 따라 산정되는 금액을 제1항 제1호의 사업(이하 "사내근로복지기금사업"이라 한다)에 사용할 수 있다. 이 경우 기금법인의 사업이 다음 각 호의 어느 하나에 해당하는 대통령령으로 정하는 범위에서 정하는 바에 따라 그 후에 산정되는 금액을 높일 수 있다. <개정 2012.2.1., 2014.1.28.> 1. 제82조제3항에 따라 선택적 복지제도를 활용하여 운영하는 경우 2. 사내근로복지기금사업에 사용하는 금액 중 고용노동부령으로 정하는 바에 따라 산정되는 금액 이상을 해당 사업	③ 기금법인은 법 제62조제1항에 따른 사업을 시행하는 경우에 정관으로 정하는 바에 따라 각 근로자가 여러 가지 복지항목 중에서 자신의 선호와 필요에 따라 자율적으로 선택하여 복지혜택을 받는 제도(이하 "선택적 복지제도"라 한다)로 운영할 수 있다. ④ 기금법인은 법 제62조제2항에 따라 다음 각 호의 어느 금액이나 제6항 또는 제7항에 따른 사내근로복지기금사업에 사용할 수 있다. 다만, 제2호의 금액은 자본금이 있는 사업의 경우에만 해당한다. <개정 2012.6.5., 2017.10.31., 2021.1.5., 2021.6.1., 2023.9.27.> 1. 사업주 등이 사내근로복지기금에 해당 회계연도에 사내근로복지기금사업에 출연한 금액(이하 이 호에서 "출연금"이라 한다)의 금액(다만 그 출연금에 100분의 50을 초과하지 않는 범위에서 복지기금협의회가 정하는 비율을 곱한 금액. 다만, 다음 각 목의 어느 하나에 해당하는 경우에는 해당 목에서 정하는 비율을 초과하지 않는 범위에서 복지기금협의회가 정하는 비율을 곱한 금액으로 한다. 가. 법 제62조제2항제1호 또는 제3호	제26조의2(수혜범위 확대의 기준) ① 법 제62조제2항제2호에서 "고용노동부령으로 정하는 바에 따라 산정되는 금액"이란 다음 각 호의 구분에 따른 금액을

근로복지기본법	근로복지기본법 시행령	근로복지기본법 시행규칙
으로부터 직접 도급받는 소속 근로자 및 해당 사업에의 파견근로자의 복지후생 증진에 사용하는 경우 3. 「중소기업기본법」 제2조제1항 및 제3항에 따른 기업에 설립된 기금법인이 사내근로복지기금사업을 시행하는 경우<시행일 2014.7.29.>	이 경우: 100분의 80 나. 법 제62조제2항제2호의 경우: 100분의 80. 다만, 법 제62조제2항제2호에 따른 출연금에서 해당 엽업으로부터 직접 도급받는 엽체의 소속 근로자 및 해당 사업에의 파견근로자와 복리후생 증진에 사용된 금액이 고용노동부령으로 정하는 금액을 초과하는 경우에는 100분의 90으로 한다.	말한다.<개정 2021.1.5., 2023.10.6.> 1. 영 제46조제4항제1호나목의 경우: 사업주 등이 법 제61조제1항 및 제2항에 따라 사내근로복지기금의 해당 회계연도에 출연한 금액(이하 이 조에서 "해당회계연도출연금"이라 한다)의 100분의 10을 초과하고 100분의 20 이하인 금액별 제62조제1항제5호에 따른 근로복지시설의 구입·설치 금액과 다음 각 목의 어느 하나에 해당하는 사람(이하 이 조에서 "협력엽체근로자"라 한다)에게 대부하는 금액은 제외한다. 이하 이 조에서 "복지시설 비및대부금"이라 한다)으로서 사내근로복지기금협의회(이하 이 조에서 "복지기금협의회"라 한다)가 정하는 금액을 말한다. 가. 해당 사업으로부터 직접 도급받는 엽체의 소속 근로자 나. 해당 사업에의 파견근로자(「파견근로자 보호 등에 관한 법률」 제2조제5호에 따른 파견근로자를 말한다) 2. 영 제46조제4항제3호의 경우: 협력엽체근로자의 복리후생 증진에 사용된 금액(이하 이 조에서 "수혜금액"이라

근로복지기본법	근로복지기본법 시행령	근로복지기본법 시행규칙
	2. 기본재산의 총액이 해당 사업의 자본금의 100분의 50을 초과하는 경우에는 그 초과액의 범위에서 복지기금협의회가 정하는 금액 3. 직전 회계연도 기준 기본재산 총액을 해당 기금법인이 설립된 사업 근로자 수로 나눈 금액이 200만원 이상인 경우로서 법 제62조제2항제2호에 해당하는 경우에는 직전 회계연도 기본재산 총액의 100분의 30 이하의 범위에서 같은 호에 따라 해당 사업으로부터 직접 도급받는 소속 근로자 및 해당 사업에 파견근로	한다)이 협력업체근로자 1명당 수혜금 액이 해당 기금법인이 설립된 사업 소속 근로자(이하 이 조에서 "소속근로 자"라 한다) 1명당 수혜금액의 100분의 25 이상이 되는 금액으로서 복지기금협의회가 제3항에 따른 기준을 고려하여 정하는 금액 3. 삭제 <2023. 10. 6.> ② 영 제46조제4항제1호나목 단서에서 "고용노동부령으로 정하는 금액"이란 해당회계연도출연금의 100분의 20을 초과하는 금액(복지시설비및대부금은 제외한다)으로서 복지기금협의회가 정하는 금액을 말한다. <신설 2023. 10. 6.> ③ 영 제46조제4항제3호에서 "해당 사업으로부터 직접 도급받는 업체의 소속근로자 및 해당 사업에의 파견근로자의 복리 후생 증진에 사용된 금액별로 고용노동부령으로 정하는 범위"란 다음 각 호의 구분에 따른 범위를 말한다. <신설 2023. 10. 6.> 1. 협력업체근로자 1명당 수혜금액이

근로복지기본법	근로복지기본법 시행령	근로복지기본법 시행규칙
	자의 복리후생 증진에 사용된 금액으로 고용노동부령으로 정하는 범위에서 복지기금협의회가 5년마다 정하는 금액	소속근로자 1명당 수혜금액의 100분의 25 이상 100분의 35 미만이 되는 금액으로서 복지기금협의회가 정하는 금액인 경우: 기본재산(직전 회계연도를 기준으로 한다. 이하 이 항에서 같다) 총액의 100분의 20 이하를 범위로 한다. 2. 협력업체근로자 1명당 수혜금액이 소속근로자 1명당 수혜금액의 100분의 35 이상 100분의 50 미만이 되는 금액으로서 복지기금협의회가 정하는 금액인 경우: 기본재산 총액의 100분의 25 이하를 범위로 한다. 3. 협력업체근로자 1명당 수혜금액이 소속근로자 1명당 수혜금액의 100분의 50 이상이 되는 금액으로서 복지기금협의회가 정하는 경우: 기본재산 총액의 100분의 30을 범위로 한다. [전문개정 2018.1.29.]
	⑤ 삭제 <2023. 9. 27.> ⑥ 기금법인은 제4항제3호에도 불구하고 같은 호에 따라 복지기금사업에 사내근로복지기금사업에 사용할 금액(이하 이 항에서 "증진금액"이라 한다)을 정한 후 5년이 지나지 않은 경우로서 갑	

근로복지기본법	근로복지기본법 시행령	근로복지기본법 시행규칙
③ 기금법인은 근로자의 생활안정 및 재산형성 지원을 위하여 필요하다고 인정되어 대통령령으로 정하는 경우에는 근로자에게 필요한 자금을 기본재산 중에서 대부할 수 있다.	은 호에 따라 사내근로복지기금사업에 사용할 금액을 상향하여 정한 때에는 그 금액에서 중전금액을 뺀 나머지 금액을 같은 호에 따라 중전금액을 정한 날부터 되는 날까지 사내근로복지기금사업에 사용할 수 있다. <개정 2023. 9. 27.> ⑦ 기금법인은 기본재산의 중액의 범위에서 복지기금협의회가 정하는 금액을 법 제62조제1항제6호의2에 따른 공동근로복지기금 지원 사업에 사용할 수 있다. 이 경우 그 지원 금액이 100분의 50 범위에서 사내근로복지기금협의가 정하는 금액을 사내근로복지기금 지원 사업(공동근로복지기금 지원 사업은 제외한다)에 추가로 사용할 수 있다. <신설 2021.6.1.> ⑧ 법 제62조제3항에서 "대통령령으로 정하는 경우"란 다음 각 호의 경우를 말한다. <개정 2021. 6. 1.> 1. 근로자가 주택을 신축·구입하거나 임차하는 경우 2. 우리사주 주식을 구입하는 경우 3. 근로자 생활 안정을 위한 경우 4. 그 밖에 제1호부터 제3호까지의 규정에 준하는 경우로서 정관으로 정하	

근로복지기본법	근로복지기본법 시행령	근로복지기본법 시행규칙
제63조(사내근로복지기금의 운용) 사내근로복지기금은 다음 각 호의 방법으로 운용한다. 1. 금융회사 등에의 예임 및 금전신탁 2. 투자신탁 등의 수익증권 매임 3. 국가, 지방자치단체 또는 금융회사 등이 직접 발행하거나 채무이행을 보증하는 유가증권의 매임 4. 사내근로복지기금이 그 회사 주식을 출연받아 보유하게 된 경우에 대통령령으로 정하는 한도 내에서 그 보유주식 수에 따라 그 회사 주식의 유상증자에 참여 5. 그 밖에 사내근로복지기금의 운용을 위하여 대통령령으로 정하는 사업	제47조(사내근로복지기금의 운용) ① 법 제63조제4호에서 "대통령령으로 정하는 한도"란 기본재산의 100분의 20 범위에서 복지기금협의회가 정하는 금액을 말한다. ② 법 제63조제5호에서 "대통령령으로 정하는 사업"이란 다음 각 호의 사업을 말한다. 1. 「자본시장과 금융투자업에 관한 법률」에 따른 투자회사가 발행하는 주식의 매임 2. 「부동산투자회사법」에 따른 부동산투자회사가 발행하는 주식의 매임 제48조(사내근로복지기금의 회계원칙) 법 제64조에 따라 사내근로복지기금의 회	

근로복지기본법	근로복지기본법 시행령	근로복지기본법 시행규칙
제64조(사내근로복지기금의 회계) ① 사내근로복지기금의 회계연도는 사업주의 회계연도에 따른다. 다만, 정관으로 달리 정한 경우에는 그러하지 아니하다. ② 기금법인은 자금차입을 할 수 없다. ③ 매 회계연도의 결산 결과 사내근로복지기금의 순실금이 발생한 경우에는 다음 회계연도로 이월하며, 잉여금이 발생한 경우에는 이월순실금을 보전한 후 사내근로복지기금에 전입한다. ④ 사내근로복지기금의 회계 관리에 필요한 사항은 대통령령으로 정한다.	제도는 그 사업의 경영 성과와 재산 상태를 정확하게 파악할 수 있도록 기업회계의 원칙에 따라 처리한다. 제49조(사내근로복지기금의 예산과 결산) ① 사내근로복지기금의 예산은 예산총칙, 추정재무상태표, 추정손익계산서를 내용으로 하여 작성하고, 그 내용을 명백하게 하기 위하여 필요한 부속명세서를 작성하여야 한다.(개정2023.5.30., 시행 2023.6.11.) ② 사내근로복지기금의 해당 연도 결산서는 재무상태표, 손익계산서 및 이익잉여금처분계산서 등을 내용으로 하여 작성하고, 그 내용을 명백하게 하기 위하여 필요한 부속명세서를 작성하여야 한다.(개정2023.5.30., 시행2023.6.11.)	
제65조(기금법인의 관리·운영 서류의 작성 및 보관) 기금법인은 다음 각 호의		

근로복지기본법	근로복지기본법 시행령	근로복지기본법 시행규칙
서류를 대통령령으로 정하는 바에 따라 작성하여야 하며, 작성일부터 5년간 이를 보관하여야 한다. 이 경우 그 서류를 전자문서로 작성·보관할 수 있다.(개정 2022.6.10, 시행 2023.6.11.) 1. 사업보고서 2. 재무상태표 3. 손익계산서 4. 감사보고서 제66조(기금법인의 관리·운영사항 공개) 기금법인은 제65조 각 호의 서류 및 복지기금협의회의 회의록을 대통령령으로 정하는 바에 따라 공개하여야 하며, 항상 근로자가 열람할 수 있게 하여야 한다. 이 경우 전자문서로 작성·보관하는 서류에 대해서는 정보통신망을 이용하여 열람하게 할 수 있다. 제67조(기금법인의 부동산 소유) 기금법인은 업무수행을 위하여 필요한 경우를 제외하고는 부동산을 소유할 수 없다. <개정 2020. 5. 26.>	제50조(기금법인의 관리·운영사항 공개) 법 제66조에 따른 공개는 사보 게재, 사내 게시 등의 방법으로 하여야 한다. 제51조(기금법인의 부동산 소유) 법 제67조에서 기금법인의 업무수행상 필요한 경우는 다음 각 호의 경우로 한다. 1. 기금법인의 운영 및 관리에 필요한 사무실과 그 부속시설의 소유 2. 삭제(2019.10.29.) 3. 법 제62조제1항제5호에 따른 근로복지시설의 소유	

- 53 -

근로복지기본법	근로복지기본법 시행령	근로복지기본법 시행규칙
	4. 사내근로복지기금에 기부되거나 출연된 부동산의 소유. 다만, 제1호부터 제3호까지의 목적을 위하여 기부되거나 출연된 경우를 제외하고는 기부받거나 출연받은 날부터 정당한 사유 없이 1년 이내에 법 제63조에 따른 사내근로복지기금의 운용방법으로 전환하지 아니하면 부동산을 소유할 수 없다.	
제68조(다른 복지와의 관계) ① 사용자는 기금법인의 설치를 이유로 기금법인 설치 당시에 운영하고 있는 근로복지제도 또는 근로복지시설의 운영을 중단하거나, 이를 건축하여서는 아니 된다. ② 사용자는 기금법인 설치 당시에 기금법인의 사업을 시행하고 있을 때에는 다른 법률에 따라 설치·운영할 의무가 있는 것을 제외하고는 복지기금협의회의 협의·결정에 의하여 기금법인에 통합하여 운영할 수 있다.		
제69조(시정명령) 고용노동부장관은 사용자 또는 기금법인이 제60조제2항, 제64조 및 제65조를 위반한 경우에는 상당		제27조(시정기간) 법 제69조에 따른 시정기간은 10일 이상 60일 이하의 범위에서 주되, 부득이한 사유가 있는 경우에는 한 차례 그 기간을 연장할 수 있다.

- 54 -

근로복지기본법	근로복지기본법 시행령	근로복지기본법 시행규칙
한 기간을 정하여 시정을 명할 수 있다.	제52조(기금법인의 해산통지) 법 제70조에 따라 기금법인이 해산되었을 때에는 청산인은 그 사유를 명시하여 고용노동부장관에게 알려야 한다.	제28조(해산) 영 제52조(영 제55조의6에 따라 준용되는 경우를 포함한다)에 따라 청산인이 해산을 알리려는 경우에는 별지 제14호서식의 해산통지서에 다음 각 호의 서류를 첨부하여 지방고용노동관서의 장에게 제출해야 한다. <개정 2016. 1. 19, 2021. 6. 9.>
제70조(기금법인의 해산 사유) 기금법인은 다음 각 호의 사유로 해산한다. 다만, 제4호의 경우 기금법인이 그 손속을 원하는 경우에는 그러하지 아니하다. <개정 2020. 12. 8.>		1. 해산을 증명하는 서류
1. 해당 사업주의 사업 폐지		2. 정관
2. 제72조에 따른 기금법인의 합병		3. 재산목록
3. 제75조에 따른 기금법인의 분할·분할합병		4. 재산의 처분방법 및 처분계획서
4. 해당 사업주의 제86조의2제1항 모든 제86조의7제1항에 따른 공동근로복지기금의 조성 참여 또는 중간 참여		[제목개정 2016. 1. 19.]
제71조(해산한 기금법인의 재산처리) ① 사업의 폐지로 인하여 해산한 기금법인의 재산은 대통령령으로 정하는 기금법인의 재산은 대통령령으로 정하는 바에 따라 사업주가 해당 사업을 경영할 때에 근로자에게 지급할 의무가 있음에 미지급한 임금, 퇴직금, 그 밖에 근로자에게 지급할 의무가 있는 금품을 지급하는 데에 우선 사용하여야 하며, 잔여재산이 있는 경우에는 그 100분의 50을 초과하지 아니하는 범위에서 정관에서 정하는 바에 따라 소속 근로자의 생활안정자금으로 지원할	제53조(미지급 금품의 지급) ① 기금법인이 법 제71조제1항에 따라 기금법인의 재산에서 사업주가 근로자에게 미지급한 금품(이하 이 조에서 "미지급 금품"이라 한다)을 지급하기 위해서는 사업주가 해당 금품을 청산할 수 있는 능력이 없음을 증명하여야 한다. ② 제1항에 따라 근로자에게 미지급 금품을 지급하는 경우에 기금법인이 그 재산이 부족하면 복지기금협의회가 그 지급률과 지급방법을 결정한다.	
	제54조(잔여재산의 귀속) 법 제71조제2	

근로복지기본법	근로복지기본법 시행령	근로복지기본법 시행규칙
수 있다. ② 제1항에 따른 사용 후 잔여재산이 있는 경우에는 그 잔여재산은 정관에서 지정한 자에게 귀속한다. 다만, 정관에 서 지정한 자가 없는 경우에는 대통령 령으로 정하는 바에 따라 제87조에 따 른 근로복지진흥기금에 귀속한다. ③ 제70조제4호의 사유로 해산한 기금법 인의 재산은 해당 사업주가 참여한 제 86조의3에 따른 공동근로복지기금법인 에 귀속한다. <신설 2020. 12. 8.> 제72조(기금법인의 합병) ① 기금법인은 사업 의 합병·양수 등에 따라 합병할 수 있다. ② 기금법인이 합병을 하는 경우에는 다음 각 호의 사항이 포함된 합병계약 서를 작성하여 복지기금협의회의 의결 을 거쳐야 한다. 1. 합병 전 각 기금법인의 재산과 합병 후 기금법인의 재산의 변동 2. 합병 대상인 각 기금법인의 근로자에 대한 합병 후 지원수준 3. 합병의 추진 일정	항 단서에 따라 기금법인의 잔여재산 이 법 제87조에 따른 근로복지진흥기 금(이하 "진흥기금"이라 한다)에 귀속 하는 경우 그 기금법인의 청산인은 청 산 종결 후 3주 이내에 고용노동부장 관에게 잔여재산의 목록을 제출하고, 지체 없이 그 잔여재산을 인도하여야 한다.	

근로복지기본법	근로복지기본법 시행령	근로복지기본법 시행규칙
4. 그 밖에 합병에 관한 중요 사항 ③ 제2항제2호에 따른 지원수준은 합병 전 각 기금법인의 근로자별 평균 기금 잔액, 합병 후 사업주의 출연예정액 등을 고려하여 합병 후 3년을 초과하지 아니하는 범위에서 합병 전 각 기금법인의 근로자별로 달리 정할 수 있다. 제73조(합병에 의한 기금법인의 설립 및 등기) ① 기금법인이 합병으로 인하여 기금법인을 설립하는 경우에는 사업의 합병으로 인하여 설립되는 사업의 사업주가 준비위원회를 구성하여 제52조에 따른 기금법인의 설립절차를 거쳐야 한다. ② 기금법인의 합병으로 인하여 존속하는 기금법인은 변경등기를, 소멸하는 기금법인은 해산등기를 하여야 한다. 제74조(합병의 효력발생·효과) ① 기금법인의 합병은 합병으로 인하여 설립되는 기금법인의 설립등기 또는 존속하는 기금법인의 변경등기를 함으로써 그 효력이 생긴다. ② 합병으로 인하여 설립되거나 존속하는 기금법인은 합병으로 인하여 소멸되는 기금법인의 권리·의무를 승계한다.		

근로복지기본법	근로복지기본법 시행령	근로복지기본법 시행규칙
제75조(기금법인의 분할·분할합병) ① 기금법인은 사업의 분할·분할합병 등에 따라 분할 또는 분할합병(이하 "분할등"이라 한다)을 할 수 있다. ② 기금법인이 분할을 하는 경우에는 다음 각 호의 사항이 포함된 분할계획서를 작성하여 복지기금협의회의 의결을 거쳐야 한다. 1. 기금법인 재산의 배분 2. 분할의 추진 일정 3. 그 밖에 분할에 관한 중요 사항 ③ 기금법인이 분할합병을 하는 경우에는 다음 각 호의 사항이 포함된 분할합병계약서를 작성하여 복지기금협의회의 의결을 거쳐야 한다. 1. 기금법인 재산의 배분 및 분할합병에 따른 기금법인 재산의 변동 2. 분할합병 대상인 각 기금법인의 근로자에 대한 합병 후 지원수준 3. 분할합병의 추진 일정 4. 그 밖에 분할합병에 관한 중요 사항 ④ 제2항제1호 및 제3항제1호에 따른 재산배분을 할 때에는 원칙적으로 근로자 수를 기준으로 배분하되, 분할 전 사업별 사내근로복지기금 조성의 기여도 등을 고려하여 배분할 수 있다.		

- 58 -

근로복지기본법	근로복지기본법 시행령	근로복지기본법 시행규칙
⑤ 제3항제2호의 지원수준의 결정에 관하여는 제72조제3항을 준용한다. 이 경우 "함병"은 "분할합병"으로 본다. 제76조(분할등에 의한 기금법인의 설립 및 등기) ① 기금법인의 분할등으로 인하여 기금법인을 설립하는 경우에는 사업의 분할·분할합병 등으로 인하여 설립되는 사업주가 준비위원회를 구성하여 제52조에 따른 기금법인의 설립절차를 거쳐야 한다. ② 기금법인의 분할등으로 인하여 존속하는 기금법인은 변경등기를, 소멸하는 기금법인은 해산등기를 하여야 한다. 제77조(분할등의 효력발생·효과) ① 기금법인의 분할등은 분할등으로 인하여 설립되는 기금법인의 설립등기 또는 존속하는 기금법인의 변경등기를 함으로써 그 효력이 생긴다. ② 분할등으로 인하여 설립되거나 존속하는 기금법인은 분할계획서 또는 분할합병계약서에서 정하는 바에 따라 분할되는 기금법인의 권리·의무를 승계한다. 제78조(비밀유지 등) 복지기금협의회의 위		

근로복지기본법	근로복지기본법 시행령	근로복지기본법 시행규칙
원, 이사 및 감사는 그 직무수행과 관련하여 알게 된 비밀을 누설하여서는 아니 되며, 사내근로복지기금사업과 관련하여 겸직 또는 자기거래를 할 수 없다. 제79조(유사명칭의 사용금지) <제59조 삭제, 2015.7.20., 시행2016.1.21.> 제80조(「민법」의 준용) 기금법인에 관하여 이 법에 규정한 것을 제외하고는 「민법」 중 재단법인에 관한 규정을 준용한다. 제80조의2 삭제 <2020. 12. 8.> **제3절 선택적 복지제도 및 근로자지원프로그램 등** 제81조(선택적 복지제도 설치) ① 사업주는 근로자가 여러 가지 복지항목 중에서 자신의 선호와 필요에 따라 자율적으로 선택하여 복지혜택을 받는 제도(이하 "선택적 복지제도"라 한다)를 설정하여 실시할 수 있다. ② 사업주는 선택적 복지제도를 실시할 때에는 해당 사업 내의 모든 근로자가 공평하게 복지혜택을 받을 수 있도록 하		제29조(운영 원칙) ① 사업주는 법 제81조제1항에 따른 선택적 복지제도(이하 "선택적 복지제도"라 한다)를 설계·운영할 때에는 복지항목에 대한 근로자 개인별 선호가 조화와 균형을 이루도록 하여야 한다. ② 선택적 복지제도를 운영하는 사업주는 다음 각 호의 내용을 포함한 선택적 복지제도 운영기준을 정하고 이를 소속 근로자에게 알려 주어야 한다.

근로복지기본법	근로복지기본법 시행령	근로복지기본법 시행규칙
여야 한다. 다만, 근로자의 직급, 근속연수, 부양가족 등을 고려하여 합리적인 기준에 따라 수준을 달리할 수 있다. 제82조(선택적 복지제도의 설계·운영 등) ① 사업주는 선택적 복지제도를 설계하는 경우 근로자의 사망·장해·질병 등에 관한 기본적 생활보장항목과 건전한 여가·문화·체육활동 등을 지원할 수 있는 개인별 추가선택항목을 균형 있게 반영할 수 있도록 노력하여야 한다. ② 사업주는 근로자가 선택적 복지제도의 복지항목을 선택하고 사용하는 데 불편이 없도록 전산관리시스템을 직접 제공하거나 제3자에게 위탁하여 제공될 수 있도록 노력하여야 한다. ③ 선택적 복지제도는 사내근로복지기금사업을 하는 데 활용할 수 있다. ④ 제1항과 제2항에 따른 선택적 복지제도의 설계 및 운영에 필요한 구체적인 사항은 고용노동부령으로 정한다.		1. 선택적 복지 구성항목 2. 복지혜택 부여기준, 부여기간, 채용·퇴직 등의 사유 발생 시 처리기준 등 선택적 복지 운영에 관한 사항 3. 그 밖에 사업장별 선택적 복지제도 설계 및 운영에 필요한 사항

근로복지기본법	근로복지기본법 시행령	근로복지기본법 시행규칙
제4절 공동근로복지기금제도 제86조의2(공동근로복지기금의 조성) ① 둘 이상의 사업주는 제62조제1항에 따른 사업을 시행하기 위하여 공동으로 이익금의 일부를 출연하여 공동근로복지기금(이하 "공동기금"이라 한다)을 조성할 수 있다. ② 공동기금 조성에 참여하는 사업주 이외의 사업주 또는 사업주 이외의 자는 제1항에 따른 출연 외에 유가증권, 현금, 그 밖에 대통령령으로 정하는 재산을 출연할 수 있다. <신설 2015.7.20., 시행2016.1.21.> 제86조의3(공동근로복지기금법인) 공동근로복지기금법인 설립준비위원회 구성) 공동근로복지기금을 설립하려는 사업주(이하 "공동기금법인"이라 한다)을 설립하려는 사업주 또는 사업주가 위촉하는 사람으로 각 사업주 또는 사업주가 위촉하는 사람으로 설립준비위원회를 구성하여 설립에 관한 사무와 설립 당시의 이사 및 감사의 선임에 관한 사무를 담당하게 할 수 있다. [본조신설 2015.7.20.] 제86조의4(공동근로복지기금협의회의 구성) ① 공	제55조의2(공동근로복지기금에의 출연) 법 제86조의2제2항에서 "대통령령으로 정하는 재산"이란 다음 각 호의 어느 하나에 해당하는 재산을 말한다. 1. 공동기금법인의 업무 수행에 필요한 부동산(개정 2021.6.1.) 2. 공동기금법인의 정관에서 정한 재산 [본조신설 2016.1.19.]	

근로복지기본법	근로복지기본법 시행령	근로복지기본법 시행규칙
동기금법인은 기금의 운용에 관한 주요사항을 협의·결정하기 위하여 공동근로복지기금협의회(이하 "공동기금협의회"라 한다)를 둔다.<개정 2020. 5. 26.>
② 공동기금협의회는 각 기업별 근로자와 사용자를 대표하는 각 1인의 위원으로 구성한다. 이 경우 근로자를 대표하는 위원은 제55조제2항을 준용하여 선출하고, 사용자를 대표하는 위원은 해당 사업의 대표자 또는 그 대표자가 위촉하는 사람이 된다.
<신설 2015.7.20., 시행2016.1.21.>

제86조의5(공동기금제도의 촉진) 공동기금법인이 제62조제1항에 따른 사업을 시행하는 경우에는 근로복지진흥기금에서 대통령령으로 정하는 바에 따라 필요한 비용을 지원할 수 있다.
<신설 2015.7.20., 시행2016.1.21.> | 제55조의3(공동기금법인 사업의 지원) ① 공단은 법 제86조의5에 따라 다음 각 호의 공동기금법인 및 제86조의2제1항 및 제2항에 따라 사업주가 출연한 금액의 100분의 100에 해당하는 범위에서 지원할 수 있다. <개정 2019. 12. 31., 2022. 2. 17., 2023. 7. 7.>
1. 「중소기업기본법」제2조에 따른 중소기업의 사업주(이하 "중소기업사업주"라 한다)와 「대·중소기업 상생협력 촉진에 관한 법률」에 따른 대기업의 사업주가 설립한 공동기금법인
2. 둘 이상의 중소기업사업주가 설립한 공동기금법인
3. 「지방자치분권 및 지역균형발전에 관 | |

근로복지기본법	근로복지기본법 시행령	근로복지기본법 시행규칙
	한 특별법」제29조제4항에 따라 선정된 상생협력일자리사업에 참여하는 중견기업의 성장촉진 및 경쟁력 강화에 관한 특별법」에 따른 중견기업(이하 제2항에서 "상생형중견기업"이라 한다)의 사업주 둘 이상이 설립한 공동기금법인 ② 제1항에도 불구하고 공단은 제1항제1호(대기업이 상생형중견기업인 경우만 해당한다) 또는 같은 항 제3호에 따른 공동기금법인이 법 제86조의2제2항에 따라 지방자치단체로부터 출연을 받은 경우에는 그 금액의 100에 해당하는 범위에서 지원할 수 있다. <개정 2019.12.31., 2022.2.17.> ③ 제1항에도 불구하고 공단은 제1항제2호에 따른 공동기금법인이 법 제86조의2제2항에 따라 사업주 외의 자로부터 출연을 받은 경우에는 그 금액의 100분의 100에 해당하는 범위에서 지원할 수 있다.(신설 2022.2.17.) ④ 제1항부터 제3항까지의 규정에 따라 지원을 하는 경우에 지원 요건, 지원 수준 및 지원 기간 등에 관하여 필요한 사항은 고용노동부장관이 정하여 고시	

근로복지기본법	근로복지기본법 시행령	근로복지기본법 시행규칙
제86조의6(기본재산의 공동기금 사업에의 사용) ① 공동기금법인은 제86조의2에 따라 출연받은 재산 또는 공동기금협의회에서 출연재산으로 편입할 것을 의결한 재산(이하 이 조에서 "공동기금법인의 기본재산"이라 한다)을 사내근로복지기금사업에 사용할 수 있다. 이 경우 공동기금법인의 기본재산 중 사용할 수 있는 금액의 산정에 관하여는 제62조제2항을 준용한다. ② 제1항에도 불구하고 다음 각 호의 어느 하나에 해당하는 공동기금법인은 공동기금법인의 기본재산을 사내근로복지기금사업에 사용하는 경우 대통령령으로 정하는 범위에서 정관으로 정하는 바에 따라 그 산정되는 금액을 높일 수 있다. 1. 「중소기업기본법」 제2조에 따른 중소기업의 사업주(이하 이 항에서 "중소기업 사업주"라 한다)와 「대·중소기업 상생협력 촉진에 관한 법률」 제2조제2호에	한다.(신설 2019.12.31., 개정 2022.2.17.) [본조신설 2016.1.19.] 제55조의4(공동기금법인의 기본재산의 사용) 법 제86조의6제2항 각 호 외의 부분에서 "대통령령으로 정하는 범위"란 사업주 등이 법 제86조의2 및 제86조의7에 따라 해당 회계연도에 공동근로복지기금에 출연한 금액의 100분의 90 이내에서 법 제86조의4제1항에 따른 공동근로복지기금협의회(이하 "공동기금협의회"라 한다)가 정하는 범위를 말한다.	

근로복지기본법	근로복지기본법 시행령	근로복지기본법 시행규칙
따른 대기업의 사업주가 설립한 공동기금법인 2. 둘 이상의 중소기업 사업주가 설립한 공동기금법인 [본조신설 2020. 12. 8.] [종전 제86조의6은 제86조의10으로 이동 <2020. 12. 8.>] 제86조의7(공동기금법인에의 중간 참여) ① 공동기금법인 설립 당시 참여하지 아니한 사업주는 참여하려는 공동기금법인의 공동협의회의 협의·결정을 거쳐 그 공동기금법인에 참여할 수 있다. ② 제1항에 따라 공동기금법인에 참여하는 사업주의 출연금 규모 등 중간 참여에 필요한 사항은 공동협의회가 협의·결정한다. [본조신설 2020. 12. 8.] [종전 제86조의7은 제86조의11로 이동 <2020. 12. 8.>] 제86조의8(공동기금법인의 탈퇴 및 재산정리) ① 제86조의3 및 제86조의7에 따라 공동기금법인에 참여한 사업주는 도급인·수급인 관계에 따라 대통령령으로 정하는 종료 등 대통령령으로 정하는 사유가 발생하는 경우 공동기금	제55조의5(공동기금법인의 탈퇴 사유 등) ① 법 제86조의8제1항에서 "도급인·수급인 관계 등 대통령령으로 정하는 사유가 발생하는 경우"란 다음 각 호의 경우를 말한다. 1. 도급인과 수급인 사이에 설립된 공동기금법인의 경우: 도급인·수급인 관계	

근로복지기본법	근로복지기본법 시행령	근로복지기본법 시행규칙
법인에서 탈퇴할 수 있다. ② 제1항에 따라 참여한 사업주가 공동근로복지기금법인(제86조의11제1호에 해당사유에 해당하는 경우는 제외한다)에 공동기금법인은 탈퇴한다. 공동기금법인은 탈퇴한 사업주가 공동기금법인에 출연한 비율에 따라 다음에 해당하는 재산을 고용노동부령으로 정하는 바에 따라 산정되는 재산을 고용노동부령에 의하여 배분하여야 한다.	가. 출품되는 경우 2. 같은 도급인의 수급인들 사이에 설립된 공동기금법인인 경우: 개별적인 도급인·수급인 관계가 종료되는 경우 3. 다음 각 목의 어느 하나에 해당하는 경우로서 사업주가 공동기금협의회의 출연 결정이 있은 후 다음 결정까지 출연하지 않은 횟수가 3회 이상인 경우 가. 공동기금협의회의 출연 결정에 따라 출연하여야 하는 기한이 말일이 속하는 달의 직전 달(이하 이 호에서 "기준달"이라 한다) 말일이 맡는 해당 사업 재고당이 기준달이 속하는 연도의 직전 연도(이하 이 호에서 "직전연도"라 한다)의 월평균 재고량에 비하여 100분의 50 이상 증가한 경우 나. 기준달의 생산량이 직전연도의 월평균 생산량에 비하여 100분의 15 이상 감소한 경우 다. 기준달의 매출액이 직전연도의 월평균 매출액에 비하여 100분의 15 이상 감소한 경우 4. 해당 사업주의 사업 또는 사업장에서 근로자의 과반수로 조직된 노동조합(근로자의 과반수로 조직된 노동조합	제29조의2(공동근로복지기금법인의 탈퇴 등에 따른 재산처리) 법 제86조의8제2항 및 제86조의9제1항에서 "해당 사업주가 공동기금법인에 출연한 비율에 따라 공동기금법인이 고용노동부령으로 정하는 방법에 의하여 산정되는 재산"이란 다음의 계산식에 따라 산정된 재산을 말한다. 해당 사업주가 공동근로복지기금법인에 출연한 금액 ──────────── × 법 제88조의2에 따라 조성된 공동근로복지기금 탈퇴 또는 사업 폐지 당시 공동근로복지 기금법인의 재산의 가격 [본조신설 2021. 6. 9.] [종전 제29조의2는 제29조의3으로 이동 <2021. 6. 9.>]

- 67 -

근로복지기본법	근로복지기본법 시행령	근로복지기본법 시행규칙
	이 없는 경우에는 근로자의 과반수를 말한다)이 공동기금법인에서의 탈퇴를 요구하는 경우	
	② 사업주는 제1항 각 호의 어느 하나에 해당하여 공동기금법인에서 탈퇴를 신청하려면 공동기금법인 사유에 해당하는 사실을 증명할 수 있는 서류를 공동기금법인에 제출해야 한다.	
	③ 공동기금법인은 제2항에 따른 신청을 받은 경우 그 신청일부터 3개월 이내에 해당 사업주의 탈퇴 여부에 대하여 공동기금협의회의 협의·결정을 거쳐야 한다. 이 경우 탈퇴하려는 사업주의 근로자위원과 사용자위원은 의결권을 행사할 수 없다.	
	④ 공동기금협의회가 제3항 전단에 따른 기간 이내에 협의·결정을 하지 않은 경우에는 그 기간이 경과한 다음 날에 공동기금협의회가 해당 사업주의 탈퇴를 협의·결정한 것으로 본다.	
③ 제2항에 따라 재산을 배분받은 사업주는 그 재산으로 사내근로복지기금을 설치하거나 사내근로복지기금의 재원으로 출연하여야 한다.		
④ 제1항에 따른 공동기금법인의 탈퇴 절차 및 방법 등에 관하여 필요한 사항은 대통령령으로 정한다.		
[본조신설 2020. 12. 8.]		
[종전 제86조의8은 제86조의12로 이동		

근로복지기본법	근로복지기본법 시행령	근로복지기본법 시행규칙
<2020. 12. 8.>		
제86조의9(개별 참여 사업주의 사업 폐지에 따른 재산처리) ① 공동기금법인은 공동기금법인에 참여한 사업주가 사업을 폐지하는 경우(제86조의11제1호에 따른 해산사유에 해당하는 경우는 제외한다)에 사업 폐지 시를 기준으로 해당 사업주가 공동기금법인에 출연한 비율에 따라 고용노동부령으로 정하는 방법에 의하여 산정되는 재산을 제71조제1항을 준용하여 처리하여야 한다. ② 제1항에 따른 사용 후 잔여재산이 있는 경우에는 그 잔여재산은 공동기금에 귀속한다. [본조신설 2020. 12. 8.] [종전 제86조의9는 제86조의13으로 이동 <2020. 12. 8.>] 제86조의10(공동기금법인의 분쟁조정) 공동기금법인에서 공동기금 운용방식, 사용용도, 출연금 규모 등에 관하여 분쟁이 발생하는 경우에는 정관으로 정하는 바에 따라 처리한다. <개정 2020. 5. 26.> [본조신설 2015. 7. 20.]		

근로복지기본법	근로복지기본법 시행령	근로복지기본법 시행규칙
[제86조의6에서 이동, 종전 제86조의10은 제86조의14로 이동 <2020. 12. 8.>]		
제86조의11(공동기금법인의 해산사유) 공동기금법인은 다음 각 호의 사유로 해산한다.<개정 2020. 12. 8.> 1. 공동기금법인 참여 사업주 중 과반수 사업주의 사업 폐지나 탈퇴 2. 제86조의13에 따른 공동기금법인의 합병 3. 제86조의14에 따른 공동기금법인의 분할, 분할합병 [본조신설 2015. 7. 20.] [제86조의7에서 이동, 종전 제86조의11은 제86조의15로 이동 <2020. 12. 8.>]		
제86조의12(해산한 공동기금법인의 재산처리) 제86조의11제1호의 사유로 공동기금법인이 해산하는 경우에는 제86조의2 및 제86조의7에 따라 공동기금법인에 출연한 비율에 따라 참여한 사업주에게 배분하여야 하며, 잔여재산이 있는 경우에는 정관으로 정하는 바에 따라 처리한다.<개정 2020. 12. 8.> [본조신설 2015. 7. 20.] [제86조의8에서 이동 <2020. 12. 8.>]		

근로복지기본법	근로복지기본법 시행령	근로복지기본법 시행규칙
제86조의13(공동기금법인의 합병) ① 공동기금법인은 참여 사업주 과반수 사업주의 사업의 합병·양수 등에 따라 합병할 수 있다. <개정 2020. 12. 8.> ② 공동기금법인의 합병 절차 등에 관하여는 제72조제2항 및 제3항을 준용한다. [본조신설 2015. 7. 20.] [제86조의9에서 이동 <2020. 12. 8.>]		
제86조의14(공동기금법인의 분할·분할합병) ① 공동기금법인은 참여 사업주 과반수 사업주의 사업의 분할·분할합병 등에 따라 분할 또는 분할합병을 할 수 있다. <개정 2020. 12. 8.> ② 공동기금법인의 분할·분할합병 절차 등에 관하여는 제75조제2항부터 제5항까지를 준용한다. [본조신설 2015. 7. 20.] [제86조의10에서 이동 <2020. 12. 8.>]		
제86조의15(준용) 공동기금제도에 관하여는 제50조부터 제54조까지, 제56조부터 제58조까지, 제60조, 제62조(제2항은 제외한다), 제63조부터 제69조까지, 제73조, 제74조, 제76조부터 제78조까지, 제	제55조의6(준용) 공동근로복지기금에 관하여는 제30조부터 제44조까지, 제46조부터 제52조까지, 제53조제1항(별제86조의9에 따른 계산처리로 한정한다), 제63조 및 제64조를 준용한다. 이 경우 "사내근로복지기금법인"은 "공동근로복지기금법인"으로, "기금법인의설립	제29조의3(준용) 공동근로복지기금에 관하여는 제24조, 제26조, 제26조의2, 제27조 및 제31조를 준용한다. 이 경우 "사내근로복지기금협의회"는 "공동근로복지기금협의회"로, "사내근로복지기금"은 "공동근로복지기금"으로, "복지기금

근로복지기본법	근로복지기본법 시행령	근로복지기본법 시행규칙
80조, 제95조를 준용한다. 이 경우 제50조부터 제52조까지, 제56조, 제63조, 제64조 중 "사내근로복지기금"은 "공동근로복지기금"으로 보고, 제52조부터 제54조까지, 제56조부터 제58조까지, 제60조부터 제64조까지, 제69조까지, 제73조, 제74조, 제76조, 제77조, 제80조, 제93조 중 "기금법인"은 "공동기금법인"으로, 제54조, 제56조부터 제58조까지, 제60조, 제62조, 제66조, 제68조, 제78조 중 "복지기금협의회"는 "공동기금협의회"로 보고, 제62조, 제78조 중 "사내근로복지기금사업"은 "공동근로복지기금사업"으로 본다. <개정 2015. 7. 20.> [본조신설 2015. 7. 20.] [제86조의11에서 이동 <2020. 12. 8.>] 제4장 근로복지진흥기금 제87조(근로복지진흥기금의 설치) 고용노동부장관은 근로복지사업에 필요한 재원을 확보하기 위하여 근로복지진흥기금을 설치한다. 제88조(근로복지진흥기금의 조성) ① 근로복지진흥기금은 다음 각 호의 재원으로	준비위원회"는 "공동기금법인설립준비위원회"로, "준비위원회"는 "설립준비위원회"로, "사내근로복지기금"은 "공동근로복지기금"으로, "기금법인"은 "공동기금법인"으로, "사내근로복지기금협의회", "복지기금협의회"는 "공동근로복지기금협의회", "복지기금협의회"는 "공동기금협의회"로, 법 제86조의4제2항"으로, "사내근로복지기금사업"은 "법 제62조제1항 각 호의 사업"으로 본다.(개정 2021.6.1.) [본조신설 2016.1.19.]	협의회"는 "공동근로복지기금협의회"로 본다. [본조신설 2016. 1. 19.] [제29조의2에서 이동 <2021. 6. 9.>]

근로복지기본법	근로복지기본법 시행령	근로복지기본법 시행규칙
조성한다. 1. 국가 또는 지방자치단체의 출연금 2. 국가 또는 지방자치단체 외의 자가 출연하는 현금·물품과 그 밖의 재산 3. 다른 기금(제36조에 따른 우리사주조합기금 및 제52조에 따른 사내근로복지기금은 제외한다)으로부터의 전입금 4. 제2항에 따른 차입금 5. 제24조, 제26조 및 제27조에 따른 보증료, 구상금, 지연이자 6. 「복권 및 복권기금법」 제23조제1항에 따라 배분된 복권수익금 7. 제71조에 따라 기금법인 해산 시 정관으로 근로복지진흥기금에 귀속하도록 정한 재산 8. 사업주 및 사업주단체의 기부금 9. 「고용정책 기본법」 제35조에 따라 조성된 자금 10. 근로복지진흥기금의 운용으로 생기는 수익금 11. 그 밖의 수입금 ② 근로복지진흥기금의 운용에 필요한 경우에는 근로복지진흥기금의 부담으로 금융회사 또는 다른 기금 등으로부터 차입할 수 있다.		

- 73 -

근로복지기본법	근로복지기본법 시행령	근로복지기본법 시행규칙
제91조(근로복지진흥기금의 용도) 근로복지진흥기금은 다음 각 호의 용도에 사용한다. 1. 근로자에 대한 주택구입자금등에 대한 융자 2. 근로자의 생활안정을 위한 자금의 융자 3. 근로자 또는 그 자녀에 대한 장학금의 지급 및 학자금의 융자 4. 제14조에 따른 근로복지종합정보시스템 운영 5. 제22조에 따른 신용보증 지원에 필요한 사업비 6. 우리사주제도 관련 지원 7. 사내근로복지기금제도 및 공동기금제도 관련 지원(시행2016.1.21.) 8. 근로복지시설 설치·운영자금 지원 9. 근로자 정서함양을 위한 문화·체육활동 지원 10. 선택적 복지제도 관련 지원 11. 근로자지원프로그램 관련 지원 12. 근로자 건강증진을 위한 의료사업에 필요한 사업비 13. 근로복지사업 연구·개발에 필요한 경비 14. 「고용정책 기본법」 제34조에 따른 실업대책사업의 실시·운영에 필요한		

근로복지기본법	근로복지기본법 시행령	근로복지기본법 시행규칙
사업비 15. 근로복지진흥기금의 운용을 위한 수익사업에의 투자 16. 근로복지진흥기금의 조성·관리·운용에 필요한 경비 17. 그 밖에 근로자의 복지증진을 위하여 대통령령으로 정하는 사업에 필요한 지원	제61조(진흥기금의 용도) 법 제91조제17호에서 "대통령령으로 정하는 사업"이란 다음 각 호의 사업을 말한다. 1. 퇴직연금 사업 등 근로자의 노후생활을 지원하기 위한 사업 2. 제58조에 따른 진흥기금운용계획에 포함된 사업으로서 심의회의 심의를 거쳐 공단이 필요하다고 인정하는 사업	
제5장 보 칙		
제93조(지도·감독 등) ① 고용노동부장관은 근로자의 복지증진을 위하여 필요한 경우 다음 각 호의 사항을 보고하게 하거나 소속 공무원으로 하여금 그 장부·서류 또는 그 밖의 물건을 검사하게 할 수 있으며, 필요하다고 인정하는 경우에는 대통령령으로 정하는 바에 따라 그 운영 등에 시정을 명할 수 있다. <개정 2020. 5. 26.> 1. 공단의 근로복지진흥기금 관리 및 운	제63조(기금법인의 운영상황 보고) ① 법 제93조제1항제3호에 따라 기금법인은 해당 연도의 운영상황·결산서, 다음 연도 사업계획서(추정재무상태표와 손익계산서를 포함한다) 및 고용노동부장관이 정하는 사항을 매 회계연도가 끝난 후 3개월 이내에 관할 지방고용노동관서의 장에게 보고해야 한다. ② 제1항에 따라 기금법인의 운영상황 등을 보고받은 관할 지방고용노동관서의 장은 매 분기가 끝난 다음달 10일까지 고용노동부장관에게 그 내용을	제30조(운영상황 보고) 영 제63조제1항(영 제55조의6에 따라 준용되는 경우를 포함한다)에 따른 보고는 별지 제15호서식에 따른다. <개정 2021. 6. 9.> [전문개정 2016. 1. 19.]

- 75 -

근로복지기본법	근로복지기본법 시행령	근로복지기본법 시행규칙
용 실태에 관한 사항 2. 제29조제1항에 따라 근로복지시설을 수탁·운영하는 비영리단체의 업무·회계·재산에 관한 사항 3. 제52조에 따른 기금법인의 업무·회계·재산에 관한 사항 ② 국가 또는 지방자치단체는 사업주, 사업주단체, 우리사주조합, 제43조에 따른 수탁기관 및 보조 또는 융자를 받은 자를 감독하기 위하여 필요한 경우에는 이 법에 따른 업무에 관하여 대통령령으로 정하는 바에 따라 보고 또는 필요한 자료 제출을 하게 하거나 그 밖에 필요한 명령을 할 수 있으며, 소속 공무원으로 하여금 관계인에게 질문하거나 관련 장부·서류 등을 조사 또는 감사하게 할 수 있다.<개정 2020. 5. 26.> ③ 제1항 및 제2항에 따라 조사를 하는 공무원은 그 권한을 표시하는 증표를 지니고 이를 관계인에게 보여주어야 한다. ④ 제1항 및 제2항에 따라 조사를 하는 경우에는 조사대상자에게 7일 전에 조사 일시, 조사 내용 등 필요한 사항을 알려야 한다. 다만, 긴급하거나 미리 알릴 경우 그 목적을 달성할 수 없다고 인정되는 경우에는 그러하지 아니하다.	보고하여야 한다.(개정2023.5.30., 시행 2023.6.11.) 제64조(자료 제출의 요구 등) ① 법 제93조제1항 또는 제2항에 따른 보고 또는 자료 제출의 요구는 문서로 하여야 한다. ② 법 제93조제1항 또는 제2항에 따라 시정명령 또는 명령을 한 경우에는 고용노동부령으로 정하는 기간을 주되, 부득이한 사유가 있는 경우에는 한 차례 그 기간을 연장할 수 있다.	제31조(시정기간) 영 제64조제2항에 따른 시정기간은 10일 이상 60일 이하의 범위로 한다. 제32조(증표) 법 제93조제3항에 따른 증표는 「근로감독관규정」 제7조에 따른 증표로 한다.

근로복지기본법	근로복지기본법 시행령	근로복지기본법 시행규칙
⑤ 고용노동부장관 등은 제1항 및 제2항에 따른 조사 결과를 조사대상자에게 서면으로 알려야 한다. 제94조(위임 및 위탁) ① 이 법에 따른 고용노동부장관의 권한은 그 일부를 대통령령으로 정하는 바에 따라 지방고용노동관서의 장에게 위임할 수 있다. ② 이 법에 따른 고용노동부장관의 업무는 그 일부를 대통령령으로 정하는 바에 따라 근로복지와 관련된 기관 또는 단체에 위탁할 수 있다.	제65조(권한의 위임·위탁) ① 고용노동부장관은 법 제94조에 따라 다음 각 호의 권한을 지방고용노동관서의 장에게 위임한다. <개정 2014.7.28.> 1. 삭제<삭제 2017. 10. 31.> 2. 법 제47조제1항 후단에 따른 보고의 수리 3. 법 제52조제4항 및 제53조에 따른 기금법인의 설립인가 및 정관변경의 인가 4. 법 제69조에 따른 시정명령 5. 법 제93조제1항제3호에 따른 기금법인의 업무·회계·재산에 관한 보고 요구, 장부·서류 등의 검사, 시정명령 6. 법 제93조제2항 중 사업주, 조합에 대한 보고 요구, 명령, 장부·서류 등의 조사 또는 검사 7. 법 제99조에 따른 과태료의 부과·징수(다만, 융자업무취급기관, 법 제43조에 따른 수탁기관, 보조 또는 융자를 받은 자에 대한 과태료의 부과·징수는 제외한다) 8. 제8조제4항에 따른 조합설립준비위원회의 통지에 대한 접수와 같은 조 제5항에 따른 확인서의 발급 9. 제35조제2항에 따른 기본재산 중에 편	

근로복지기본법	근로복지기본법 시행령	근로복지기본법 시행규칙
	정사항 보고의 수리 10. 제52조에 따른 기금법인의 해산통지의 접수 11. 제54조에 따라 제출되는 잔여재산 목록의 접수 ② ~ ③ (생략)	
제95조(반환명령) ① 국가 또는 지방자치단체는 제6조를 위반한 자에게 대통령령으로 정하는 바에 따라 보조 또는 융자받은 금액의 전부 또는 일부의 반환을 명할 수 있다. ② 국가 또는 지방자치단체는 거짓이나 그 밖의 부정한 방법으로 이 법에 따라 보조 또는 융자를 받은 자에게 대통령령으로 정하는 바에 따라 보조 또는 융자받은 금액의 전부 또는 일부의 반환을 명할 수 있다. ③ 제1항 및 제2항에 따라 반환명령을 받은 자는 상환기간 전이라도 반환명령을 받은 금액을 상환하여야 한다.	제66조(보조금 또는 융자금의 반환절차) 제95조에 따라 국가 또는 지방자치단체가 보조하거나 융자한 금액을 반환하도록 하는 경우 그 절차는 「보조금 관리에 관한 법률」의 보조금 반환의 예에 따른다. <개정 2016. 4. 28.>	제33조(업무 처리규정) (생략)
제95조의2(특수형태근로종사자 등에 대한 특례) ① 국가 또는 지방자치단체		

근로복지기본법	근로복지기본법 시행령	근로복지기본법 시행규칙
는 다음 각 호의 어느 하나에 해당하는 사람을 대상으로 근로복지사업을 실시할 수 있다. <개정 2020. 12. 8., 2021. 8. 17.> 1. 근로자가 아니면서 자신이 아닌 다른 사람의 사업을 위하여 다른 사람을 사용하지 아니하고 자신이 직접 노무를 제공하여 해당 사업주 또는 노무수령자로부터 대가를 얻는 사람 2. 「산업재해보상보험법」 제124조제1항에 따른 중·소기업 사업주(근로자를 사용하는 사업주는 제외한다) ② 제1항에 따라 국가 또는 지방자치단체가 실시할 수 있는 근로복지사업은 다음 각 호와 같다. 다만, 지방자치단체가 실시할 수 있는 근로복지사업은 제4호의 근로복지사업으로 한정한다. <신설 2021. 8. 17.> 1. 제19조부터 제21조까지에 따른 생활 안정 및 재산형성 지원 2. 제22조부터 제27조까지에 따른 신용보증 지원 3. 제31조에 따른 민간복지시설 이용비용 지원 4. 제1항제1호에 해당하는 사람 중 다수 이용자의 요청에 따라 배달, 운전 등	제66조의2(휴게시설의 설치·운영 등) ① 법 제95조의2제2항제4호 전단에서 "배달, 운전 등 대통령령으로 정하는	

근로복지기본법	근로복지기본법 시행령	근로복지기본법 시행규칙

대통령령으로 정하는 노무를 제공하는 사람이 이용할 수 있는 휴게시설의 설치·운영. 이 경우 휴게시설은 화장실 등 대통령령으로 정하는 부대시설을 갖추어야 한다.	노무"란 같은 조 제1항제1호의 사람이 제공하는 다음 각 호의 노무를 말한다.
	1. 다음 각 목의 배달
	  가. 소화물배송(「자동차관리법」 제3조제1항제5호의 이륜자동차를 이용하여 소화물을 직접 배송하는 노무를 말한다)
	  나. 택배(「자동차관리법」 제3조제1항제3호의 화물자동차를 이용하여 화물을 집화 또는 배송하는 노무를 말한다)
	  다. 그 밖에 음식, 신문, 학습지, 상품 등의 배달
	2. 대리 운전(자가용 운전자를 대리하여 자동차를 목적지까지 운전하는 노무를 말한다)
	3. 방문 판매(고객을 직접 방문하여 상품을 판매하는 노무를 말한다)
	4. 대여 제품 방문 점검(고객이 구입 또는 대여한 제품의 유지·관리를 위한 정기점검을 하는 노무를 말한다)
	5. 방문 교육(회원의 가정을 방문하여 학습지나 교육 교구를 이용하여 아동이나 학생을 가르치는 노무를 말한다)
	6. 보험 모집(고객을 직접 방문하여 보	

근로복지기본법	근로복지기본법 시행령	근로복지기본법 시행규칙
	험가입을 권유하고 계약서를 작성하여 보험 영업점에 제출하는 노무를 말한다) 7. 제1호부터 제6호까지의 규정에 따른 노무 외에 주된 업무 내용이 이동을 통해 이루어지거나 업무 수행 장소가 일정하지 않은 노무로서 고용노동부령으로 정하는 노무 ② 법 제95조의2제2항제4호 후단에서 "화장실 등 대통령령으로 정하는 부대시설"이란 다음 각 호의 시설을 말한다. 1. 세면시설을 갖춘 화장실 2. 냉난방시설 [본조신설 2022.2.17.] **제66조의3**(휴게시설의 운영 업무 위탁) ① 국가 또는 지방자치단체는 법 제95조의2제4항에 따라 휴게시설의 운영 업무를 다음 각 호의 법인 또는 단체에 위탁할 수 있다. 1. 「공공기관의 운영에 관한 법률」 제4조에 따른 공공기관 2. 「민법」 제32조에 따른 비영리법인 3. 「비영리민간단체지원법」에 따른 근로복지 증진 관련 비영리민간단체	

근로복지기본법	근로복지기본법 시행령	근로복지기본법 시행규칙
③ 제1항 각 호의 어느 하나에 해당하는 사람은 제2조제1호에도 불구하고 제2항제1호부터 제3호까지에 따른 근로복지시설을 설치할 때에는 그 시설의 근로자로 본다. <신설 2021. 8. 17.>④ 국가 또는 지방자치단체는 제2항제4호에 따라 설치한 휴게시설을 효율적으로 운영하기 위하여 필요한 경우에는 대통령령으로 정하는 법인 또는 단체에 운영을 위탁하고, 운영에 필요한 비용을 예산의 범위에서 지원할 수 있다. <신설 2021. 8. 17.>[본조신설 2015. 7. 20.][제목개정 2020. 12. 8.]	② 국가 또는 지방자치단체는 제1항에 따라 휴게시설의 운영 업무를 위탁한 경우에는 수탁기관 및 위탁일자(위탁기간을 정한 경우에는 위탁기간을 말한다)를 관보 또는 공보에 고시해야 한다.제66조의4(민감정보 및 고유식별정보의 처리) 고용노동부장관(제65조제2항제3항에 따라 고용노동부장관의 업무를 위탁받은 자를 포함한다), 공단, 조합, 법 제43조제1항에 따라 우리사주를 예탁받은 자, 기금법인 또는 공동기금법인은 다음 각 호의 사무를 수행하기 위하여 불가피한 경우 「개인정보 보호법」 제23조에 따른 건강에 관한 정보와 같은 법 시행령 제19조제1호 또는 제4호에 따른 주민등록번호 또는 외국인등록번호가 포함된 자료를 처리할 수 있다. <개정 2014.7.28., 2016.1.19., 2022.12.17.>1. 법 제19조에 따른 생활안정자금의 융자 등 지원에 관한 사무2. 법 제22조에 따른 신용보증에 관한 사무3. 법 제36조제2항에 따른 우리사주조	

- 82 -

근로복지기본법	근로복지기본법 시행령	근로복지기본법 시행규칙
	합기금 관리에 관한 사무	
	4. 법 제37조에 따른 우리사주조합원의 개정 관리에 관한 사무	
	5. 법 제38조에 따른 우리사주조합원에 대한 우선배정에 관한 사무	
	6. 법 제39조에 따른 우리사주매수선택권 부여에 관한 사무	
	7. 법 제43조에 따른 우리사주 예탁 등에 관한 사무	
	8. 법 제44조에 따른 우리사주 인출 등에 관한 사무	
	9. 법 제46조에 따른 우리사주 보유에 따른 주주총회의 의결권 행사에 관한 사무	
	10. 법 제62조에 따른 기금법인의 사업 및 법 제86조의6(법 제86조의15에서 준용하는 법 제62조제1항·제3항을 포함한다)에 따른 공동기금법인의 사업에 관한 사무(개정 2021.6.1.)	
	11. 법 제91조에 따른 근로복지진흥기금의 사용에 관한 사무	
	12. 법 제93조(법 제86조의15에서 준용하는 경우를 포함한다)에 따른 지도 및 감독 등에 관한 사무	
	[본조신설 2012.1.6.]	

근로복지기본법	근로복지기본법 시행령	근로복지기본법 시행규칙
	제66조의5(규제의 재검토) ①고용노동부장관은 다음 각 호의 사항에 대하여 다음 각 호의 기준일을 기준으로 3년마다(매 3년이 되는 해의 기준일과 같은 날 전까지를 말한다) 그 타당성을 검토하여 개선 등의 조치를 하여야 한다.<개정 2015.12.30., 개정2022.2.17.) 1. 제11조부터 제13조까지 및 제28조에 따른 규약의 내용, 총회의 개최, 우리사주운영위원회의 구성·운영 및 조합의 의결권 행사: 2017년 1월 1일 2. 제17조, 제19조 및 제23조에 따른 조합기금의 사용, 조합의 우리사주 배정 및 우리사주의 예탁기간: 2017년 1월 1일 3. 제22조, 제24조 및 제26조에 따른 수탁기관, 예탁우리사주의 담보제공 및 인출주식의 우선매입: 2017년 1월 1일 4. 제30조에 따른 사내근로복지기금법인의 설립인가 신청: 2017년 1월 1일 5. 삭 제 6. 제38조에 따른 정관변경의 인가신청: 2017년 1월 1일	제34조(규제의 재검토) 고용노동부장관은 제27조에 따른 시장기간에 대하여 2017년 1월 1일을 기준으로 매 3년마다(매 3년이 되는 해의 1월 1일 전까지를 말한다) 그 타당성을 검토하여 개선 등의 조치를 해야 한다.(개정 2022.12.30.) [전문개정 2016. 10. 20.]

- 84 -

근로복지기본법	근로복지기본법 시행령	근로복지기본법 시행규칙
	7. 제39조에 따른 근로자위원의 선출: 2017년 1월 1일 8. 삭 제 ② 고용노동부장관은 다음 각 호의 사항에 대하여 다음 각 호의 기준일을 기준으로 3년마다(매 3년이 되는 해의 기준일과 같은 날 전까지를 말한다) 그 타당성을 검토하여 개선 등의 조치를 하여야 한다.<신설 2015.12.30.> 1. 제3조에 따른 근로복지사업 융자업무 취급기관: 2016년 1월 1일 2. 제10조에 따른 우리사주조합원의 자격: 2016년 1월 1일 [본조신설 2014.12.9.]	
제6장 벌 칙 제96조(벌칙) 다음 각 호의 어느 하나에 해당하는 자는 1년 이하의 징역 또는 3천만원 이하의 벌금에 처한다. 1. 제42조의2제1항 각 호에 해당하는 행위를 한 자 2. 제42조의2제2항을 위반하여 같은 조		

근로복지기본법	근로복지기본법 시행령	근로복지기본법 시행규칙
제1항의 우리 사업을 신고 또는 중언하거나 증거를 제출하였다는 이유로 우리사주조합원에 대하여 해고 또는 그 밖의 불리한 처우를 한 자 [본조신설 2014.1.28.] [종전 제96조는 제97조로 이동 <2014.1.28.>] 제97조(벌칙) 다음 각 호의 어느 하나에 해당하는 자는 1년 이하의 징역 또는 1천만원 이하의 벌금에 처한다. <개정 2014.5.20., 2015.7.20., 2020.12.8.> 1. 제62조(제86조의15에서 준용하는 경우를 포함한다), 제63조(제86조의15에서 준용하는 경우를 포함한다) 및 제86조의6을 위반하여 기금법인 또는 공동기금법인을 운영한 이사 2. 제67조(제86조의15에서 준용하는 경우를 포함한다)에 따른 기금법인 또는 공동기금법인의 부동산 소유 금지를 위반한 기금법인의 이사 및 해당 사업의 사용자 또는 공동기금법인의 이사 3. 제68조제1항(제86조의15에서 준용하는 경우를 포함한다)을 위반하여 근로복지제도 또는 근로복지시설의 운영을 중단하거나, 이를 감축한 사용자		

근로복지기본법	근로복지기본법 시행령	근로복지기본법 시행규칙
4. 제71조 및 제86조의12에 따른 해산한 기금법인 또는 공동기금법인의 재산처리 방법을 위반한 청산인		
5. 제78조(제86조의15에서 준용하는 경우를 포함한다)를 위반하여 직무수행과 관련하여 알게 된 비밀을 누설하거나, 기금법인 또는 공동기금법인의 사업과 관련하여 절직 또는 자기거래를 한 복지기금협의회 및 공동기금협의회의 위원, 이사 및 감사		
6. 제86조의8제2항 및 제86조의9에 따른 재산처리 방법을 위반한 공동기금법인의 이사		
7. 제86조의8제3항에 따른 재산처리 방법을 위반한 참여 사업의 사용자 [제96조에서 이동, 종전 제97조는 제98조로 이동<2014.1.28.>]		
제98조(양벌규정) 법인의 대표자나 법인 또는 개인의 대리인, 사용인, 그 밖의 종업원이 그 법인 또는 개인의 업무에 관하여 제96조 또는 제97조의 위반행위를 하면 그 행위자를 벌하는 외에 그 법인 또는 개인에게도 해당 조문의 벌금을 과(科)한다. 다만, 법인 또는 개인이 그 위반행위를 방지하기 위하여		

근로복지기본법	근로복지기본법 시행령	근로복지기본법 시행규칙
해당 업무에 관하여 상당한 주의와 감독을 게을리하지 아니한 경우에는 그러하지 아니하다. <개정 2014.1.28.> [제97조에서 이동, 종전 제98조는 제99조로 이동 <2014.1.28.>] 제99조(과태료) ① 제69조(제86조의15에서 준용하는 경우를 포함한다)에 따른 시정명령을 위반한 사용자, 기금법인 또는 공동기금법인에는 500만원 이하의 과태료를 부과한다.<개정 2015.7.20., 2020.12.8.> ② 제6조를 위반하여 근로복지를 위하여 이 법에 따라 보조 또는 융자받은 자금을 목적 외 용도에 사용한 자에게는 300만원 이하의 과태료를 부과한다. ③ 다음 각 호의 어느 하나에 해당하는 자에게는 200만원 이하의 과태료를 부과한다.<개정 2015.7.20., 2020.12.8.> 1. 제57조(제86조의15에서 준용하는 경우를 포함한다) 또는 제65조(제86조의15에서 준용하는 경우를 포함한다)를 위반하여 해당 서류를 작성·보관하지 아니한 기금법인 또는 공동기금법인 2. 제93조제1항제3호(제86조의15에서 준용하는 경우를 포함한다)에 따른 요구	제67조(과태료의 부과기준) 법 제99조에 따른 과태료의 부과기준은 별표와 같다. <개정 2014.7.28.> [전문개정 2011.3.30.]	

근로복지기본법	근로복지기본법 시행령	근로복지기본법 시행규칙
에 따르지 아니하여 보고를 하지 아니하거나 거짓의 보고를 한 자, 필요한 명령에 따르지 아니한 자 또는 공무원의 검사를 거부·방해하거나 기피한 자 ④ (생략) 8. 제93조제2항에 따른 요구에 따르지 아니하여 보고를 하지 아니하거나 거짓의 보고를 한 자, 자료를 제출하지 아니하거나 거짓으로 기재한 자료를 제출한 자, 그 밖에 감독상 필요한 명령에 따르지 아니한 자 또는 같은 항에 따른 검사를 거부·방해하거나 기피한 자 ⑤ 제1항부터 제4항까지의 규정에 따른 과태료는 대통령령으로 정하는 바에 따라 고용노동부장관이 부과·징수한다. [제98조에서 이동 <2014.1.28.>] 부칙 <제18926호, 2022. 6. 10.> 이 법은 2023년 6월 11일부터 시행한다.		
	부칙 <제31720호, 2021. 6. 1.> 이 영은 2021년 6월 9일부터 시행한다. 부칙 <제31720호, 2022.2.17.> 이 영은 2022년 2월 18일부터 시행한다. 부칙 <제33492호, 2023.5.30.> 이 영은 2023년 6월 11일부터 시행한다. 부칙 <제33776호, 2023. 9. 27.> 제1조(시행일) 이 영은 2024년 1월 1일부터 시행한다.	부칙 <제318호, 2021. 6. 9.> 이 규칙은 2021년 6월 9일부터 시행한다. 부칙 <제375호, 2022.12.30.> 이 규칙은 2022년 12월 30일부터 시행한다. 부칙 <제395호, 2023. 10. 6.> 이 규칙은 2024년 1월 1일부터 시행한다.

근로복지기본법	근로복지기본법 시행령	근로복지기본법 시행규칙
	제2조(기금법인의 기본재산 사용에 관한 적용례) 제46조제4항부터 제6항까지의 개정규정은 이 영 시행 이후 시작하는 회계연도부터 적용한다. 부칙 <제35437호, 2025. 4. 8.> 이 영은 공포한 날부터 시행한다.	부칙 <제439호, 2025. 4. 14.> 이 규칙은 공포한 날부터 시행한다.

2. 근로복지기본법 시행령 별표
(사내·공동근로복지기금 관련)

근로복지기본법 시행령 [별표]

■ 근로복지기본법 시행령 [별표] <개정 2022. 2. 17.>

과태료의 부과기준(제67조 관련)

1. 일반기준

부과권자는 다음 각 목의 어느 하나에 해당하는 경우에는 제2호의 개별기준에 따른 과태료의 2분의 1 범위에서 그 금액을 줄여 부과할 수 있다. 다만, 과태료를 체납하고 있는 위반행위자에 대해서는 그렇지 않다.
  가. 위반행위자가 자연재해·화재 등으로 재산에 현저한 손실이 발생하거나 사업여건의 악화로 사업이 중대한 위기에 처하는 등의 사정이 있는 경우
  나. 위반행위가 사소한 부주의나 오류로 인한 것으로 인정되는 경우
  다. 그 밖에 위반행위의 정도, 위반행위의 동기와 그 결과 등을 고려하여 줄일 필요가 있다고 인정되는 경우

2. 개별기준

위반행위	근거 법조문	과태료 금액
가. ~ 하. (생략)		
거. 법 제65조(법 제86조의15에서 준용하는 경우를 포함한다)를 위반하여 서류를 작성·보관하지 않은 경우	법 제99조제3항제1호	100만원
너. 법 제69조(법 제86조의15에서 준용하는 경우를 포함한다)에 따른 시정명령을 위반한 경우	법 제99조제1항	300만원
더. 법 제93조제1항제1호, 제2호 또는 제2호의2의 사항에 관한 보고를 하지 않거나 거짓 보고를 한 경우	법 제99조제4항제7호	60만원
러. 법 제93조제1항제1호, 제2호 또는 제2호의2의 사항에 관한 소속 공무원의 검사를 거부·방해 또는 기피하거나, 시정명령에 따르지 않은 경우	법 제99조제4항제7호	80만원
머. 법 제93조제1항제3호(법 제86조의15에서 준용하는 경우를 포함한다)의 사항에 관한 보고를 하지 않거나 거짓 보고를 한 경우	법 제99조제3항제2호	

	1) 보고를 하지 않은 경우		100만원
	2) 거짓 보고를 한 경우		150만원
버. 법 제93조제1항제3호(법 제86조의15에서 준용하는 경우를 포함한다)의 사항에 관한 시정명령에 따르지 않은 경우		법 제99조제3항제2호	150만원
서. 법 제93조제1항제3호(법 제86조의15에서 준용하는 경우를 포함한다)의 사항에 관한 소속 공무원의 검사를 거부·방해하거나 기피한 경우		법 제99조제3항제2호	150만원
어. 법 제93조제2항을 위반하여 보고를 하지 않거나 거짓 보고를 한 경우		법 제99조제4항제8호	60만원
저. 법 제93조제2항을 위반하여 자료를 제출하지 않거나 거짓으로 적은 자료를 제출한 경우		법 제99조제4항제8호	60만원
처. 법 제93조제2항에 따른 감독상 필요한 명령에 따르지 않은 경우		법 제99조제4항제8호	60만원
커. 법 제93조제2항에 따른 검사를 거부·방해하거나 기피한 경우		법 제99조제4항제8호	80만원

3. 근로복지기본법 시행규칙 별지서식
   (사내·근로복지기금 관련)

■ 근로복지기본법 시행규칙 [별지 제7호서식] <개정 2021. 6. 9.>

[ ] 사내근로복지기금법인
[ ] 공동근로복지기금법인 설립인가신청서

※ 아래의 작성방법을 읽고 작성하시기 바랍니다.

접수번호		접수일		처리기간	20일

기금법인	명칭		전화번호	
	주사무소 소재지			

대표자	성명(한글)	(한자)	생년월일
	주소		직책

기금법인 설립준비 위원회 위원	근로자측	성명		생년월일		직책	
	사용자측	성명		생년월일		직책	

분사무소	대표자 성명		전화번호	
	소재지			

「근로복지기본법」 제52조제5항·제86조의15 및 같은 법 시행규칙 제20조에 따라 위와 같이
[ ] 사내근로복지기금법인
[ ] 공동근로복지기금법인 의 설립인가를 신청합니다.

년   월   일

신청인 대표   (서명 또는 인)

○○지방고용노동청(○○○○지청)장 귀하

첨부서류	1. 정관 1부 2. 기금법인 설립준비위원회 위원의 재직증명서나 그 밖에 신분을 증명하는 서류(근로계약서 등 소속 근로자임을 증명하는 서류를 말합니다) 1부 3. 사내(공동)근로복지기금 출연확인서 또는 재산목록 1부 4. 사업계획서 및 예산서 1부 5. 그 밖에 고용노동부장관이 정하는 서류	수수료 없음

작성방법

1. 대표자란에는 기금법인 대표이사의 인적사항을, 직책란, 근로자측란, 사용자측란의 직책란에는 사업 또는 사업장에서의 직책을 적습니다.
2. 분사무소에 관한 사항은 분사무소를 설치한 경우에만 적습니다.
3. 근로자와 사용자를 대표하는 기금법인 설립준비위원회 위원이 각 4명 이상일 경우에는 별도 용지에 작성하여 첨부합니다.

처리절차

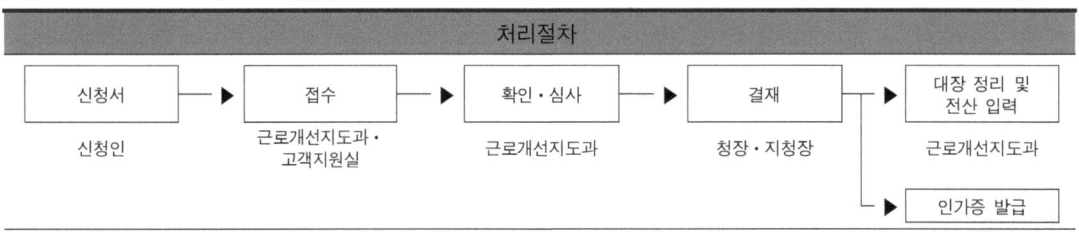

210mm×297mm[백상지(80g/㎡) 또는 중질지(80g/㎡)]

■ 근로복지기본법 시행규칙 [별지 제8호서식] <개정 2016.1.19.>

[ ] 사내근로복지기금법인   설립인가대장
[ ] 공동근로복지기금법인

인가번호	제 호	인가 연월일	
기금법인	명칭		전화번호
	주사무소 소재지		

대표자	성명(한글)	(한자)	생년월일
	주소		직책

근로복지기금협의회 위원	근로자측	성명		생년월일		직책	
	사용자측	성명		생년월일		직책	

설립등기 연월일		설립등기 관할등기소	

분사무소	대표자 성명	전화번호
	소재지	

작성방법

근로복지기금협의회 위원이 4명 이상인 경우에는 별도 용지에 작성하여 첨부합니다.

210mm×297mm[백상지(80g/㎡) 또는 중질지(80g/㎡)]

■ 근로복지기본법 시행규칙 [별지 제9호서식] <개정 2021. 6. 9.>

인가번호 제   호

사내(공동)근로복지기금법인 설립인가증

1. 기금법인 명칭:

2. 주사무소 소재지:

3. 대표자 성명:

4. 대표자 생년월일:

「근로복지기본법」 제52조제4항·제86조의15 및 같은 법 시행규칙 제21조에 따라 위와 같이 기금법인의 설립을 인가합니다.

년   월   일

지방고용노동청(지청)장 [직인]

210mm×297mm[백상지(80g/㎡) 또는 중질지(80g/㎡)]

■ 근로복지기본법 시행규칙 [별지 제10호서식] <개정 2021. 6. 9.>

[ ] 사내근로복지기금법인
[ ] 공동근로복지기금법인 기본재산 총액 변경 내용 보고서

기금법인	기금법인 명칭		기금인가번호	
	대표자 성명		직책	
	주사무소 소재지		전화번호	

변경내용	변경일	기본재산 총액(원)		변경금액(원)
		변경 전	변경 후	
	변경 사유			

「근로복지기본법 시행령」 제35조제2항·제55조의6 및 같은 법 시행규칙 제22조에 따라 위와 같이 기금법인의 기본재산 총액 변경 내용을 보고합니다.

년   월   일

기금법인 대표자   (서명 또는 인)

○○지방고용노동청(○○○○지청)장 귀하

첨부서류	변경된 내용을 포함하여 작성한 재산목록 1부	수수료 없음

210mm×297mm[백상지(80g/㎡) 또는 중질지(80g/㎡)]

■ 근로복지기본법 시행규칙 [별지 제11호서식] <개정 2021. 6. 9.>

[ ] 사내근로복지기금법인
[ ] 공동근로복지기금법인   정관변경 인가신청서

접수번호	접수일		처리기간	7일
신청인	대표자 성명(한글)		(한자)	
	생년월일		직책	
기금법인	명칭		인가번호	
	주사무소 소재지			

변경내용

「근로복지기본법 시행령」 제38조제1항·제55조의6 및 같은 법 시행규칙 제23조에 따라 위와 같이 기금법인의 정관변경 인가를 신청합니다.

년   월   일

기금법인

신청인 대표자   (서명 또는 인)

○○지방고용노동청(○○○○지청)장 귀하

첨부서류	1. 정관변경 이유서 1부 2. 개정될 정관(신·구조문대비표 첨부) 1부 3. 정관변경에 관한 사내(공동)근로복지기금협의회 회의록 사본 1부	수수료 없음

처리절차

신청서 작성	→	접수	→	확인·심사	→	결재	→	인가서 작성	→	대장 정리 및 전산 입력
신청인		근로개선지도과·고객지원실		근로개선지도과		청장·지청장		근로개선지도과		근로개선지도과

인가서 발급

210mm×297mm[백상지(80g/㎡) 또는 중질지(80g/㎡)]

■ 근로복지기본법 시행규칙 [별지 제12호서식] <개정 2021. 6. 9.>

제   호

사내(공동)근로복지기금법인 정관변경인가서

1. 기금법인 명칭:

2. 사무소 소재지:

3. 대표자 성명:

4. 대표자 생년월일:

5. 인가 내용:

「근로복지기본법」 제53조·제86조의15 및 같은 법 시행규칙 제23조에 따라 위와 같이 정관변경을 인가합니다.

년   월   일

지방고용노동청(지청)장 [직인]

210mm×297mm[백상지(80g/㎡) 또는 중질지(80g/㎡)]

■ 근로복지기본법 시행규칙 [별지 제13호서식] <개정 2016.1.19.>

제   차 (정기·임시) 사내(공동)근로복지기금협의회 회의록

(앞쪽)

회의 일시	년 월 일(시 분 ~ 시 분)
회의 장소	

의제

협의사항

※ 별도 용지 사용 가능

결정사항

그 밖의 토의사항

210mm×297mm[백상지(80g/㎡) 또는 중질지(80g/㎡)]

(뒤쪽)

구분	근로자위원	서명	사용자위원	서명
참석위원				

■ 근로복지기본법 시행규칙 [별지 제14호서식] <개정 2021. 6. 9.>

[ ] 사내근로복지기금법인
[ ] 공동근로복지기금법인   해산통지서

※ 아래의 작성방법을 읽고 작성하시기 바랍니다.

접수번호	접수일		처리기간	즉시

해산 연월일	

청산인	성명(한글)	(한자)
	생년월일	직책

기금법인	명칭	인가번호
	주사무소 소재지	

해산 사유

「근로복지기본법 시행령」 제52조·제55조의6 및 같은 법 시행규칙 제28조에 따라 위와 같이 기금법인의 해산을 알립니다.

년   월   일

(청산인)   (서명 또는 인)

○○지방고용노동청(○○○○지청)장 귀하

첨부서류	1. 해산을 증명하는 서류(법인 등기사항증명서, 해산등기, 파산선고, 법원 판결문 등의 서류를 말합니다) 1부 2. 정관 1부 3. 재산목록 1부 4. 재산의 처분방법 및 처분계획서 1부	수수료 없음

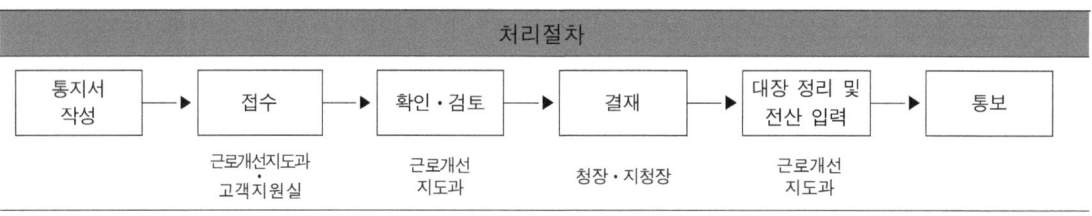

210mm×297mm[백상지(80g/㎡) 또는 중질지(80g/㎡)]

■ 근로복지기본법 시행규칙 [별지 제15호서식] <개정 2025. 4. 14.>

[ ] 사내근로복지기금법인
[ ] 공동근로복지기금법인 운영상황 보고서(년도분)

※ 3쪽 및 4쪽의 작성방법을 읽고 작성하시기 바랍니다.

(4쪽 중 1쪽)

기금법인	① 기금법인명			② 인가번호	
	③ 설립등기일			④ 전화번호	
	⑤ 소재지				
	⑥ 회계연도	년 월 일 ~ 년 월 일			
사업체	⑦ 대표자			⑧ 업종	
	⑨ 소속근로자 수(명)			⑩ 협력업체근로자 수(명)	
	⑪ 납입자본금(천원)				
기본재산 현황 (천원)	⑫ 직전 회계연도 마지막 날 기준 기본재산 총액				
	해당 회계연도 변동금액	증가	⑬ 사업주 출연	⑭ 수익금·이월금 전입	
			⑮ 사업주 외의 자 출연	⑯ 기금법인 합병	
		감소	⑰ 기본재산 사용	⑱ 기금법인 분할 등	
		⑲ 소계			
	⑳ 해당 회계연도 마지막 날 기준 기본재산 총액				
기금 운용 및 관리 (천원)	운용방법	㉑ 금융회사 예입·예탁		㉒ 투자신탁 수익증권 매입	
		㉓ 유가증권 매입		㉔ 보유 자사주 유상증자 참여	
		㉕ (부동산)투자회사가 발행하는 주식의 매입		㉖ 기타	
	㉗ 근로자 대부				
	㉘ 합계				
기금사업 재원 (천원)	㉙ 해당 회계연도 기금운용 수익금				
	㉚ 해당 회계연도 출연금액의 100분의 50, 100분의 80 또는 100분의 90 범위				
	㉛ 기본재산 총액의 해당 사업(장) 자본금 100분의 50 초과액				
	㉜ 직전 회계연도 기준 기본재산 총액의 100분의 20, 100분의 25 또는 100분의 30 범위				
	㉝ 공동근로복지기금 지원액 및 그 지원액의 100분의 50 범위				
	㉞ 이월금 등				
	㉟ 합계				

210mm×297mm[백상지(80g/㎡) 또는 중질지(80g/㎡)]

해당 회계연도 출연금 100분의 80 범위 사용 현황 (천원, 명)	36 해당 회계연도 출연금	해당 회계연도 출연금 100분의 90 범위 사용 현황 (천원, 명)	39 해당 회계연도 출연금
	37 복지혜택을 받은 협력업체근로자 수		40 복지혜택을 받은 협력업체근로자 수
	38 협력업체근로자의 복리후생 증진에 사용한 금액		41 협력업체근로자의 복리후생 증진에 사용한 금액

직전 회계연도 기준 기본재산 총액의 100분의 20 범위 사용 현황 (천원, 명)	42 사용한 기본재산 총 금액	직전 회계연도 기준 기본재산 총액의 100분의 25 범위 사용 현황 (천원, 명)	47 사용한 기본재산 총 금액	직전 회계연도 기준 기본재산 총액의 100분의 30 범위 사용 현황 (천원, 명)	(52) 사용한 기본재산 총 금액
	43 협력업체근로자의 복리후생 증진에 사용한 금액		48 협력업체근로자의 복리후생 증진에 사용한 금액		(53) 협력업체근로자의 복리후생 증진에 사용한 금액
	44 복지혜택을 받은 협력업체근로자 수		49 복지혜택을 받은 협력업체근로자 수		(54) 복지혜택을 받은 협력업체근로자 수
	45 소속근로자 1명당 수혜금액		50 소속근로자 1명당 수혜금액		(55) 소속근로자 1명당 수혜금액
	46 협력업체근로자 1명당 수혜금액		(51) 협력업체근로자 1명당 수혜금액		(56) 협력업체근로자 1명당 수혜금액

사업 실적 (천원, 명)	구분		계		목적사업		대부사업	
			금액	수혜자 수	금액	수혜자 수	금액	수혜자 수
	복지 사업비	(57) 주택구입·임차자금						
		(58) 우리사주 구입자금						
		(59) 생활안정자금						
		(60) 장학금						
		(61) 재난구호금						
		(62) 체육·문화활동 지원						
		(63) 모성보호, 일·가정 양립비용 지원						
		(64) 근로자의 날 행사 등 지원						
		(65) 근로복지시설 설치 및 운영						
		(66) 그 밖의 복지비						
		(67) 소계						
	(68) 기금 운영비							
	(69) 잔액							
	(70) 합계							

선택적 복지비 (천원, 명)	(71) 금액	(72) 수혜자 수

부동산 현황 (천원)	(73) 명칭	(74) 금액	(75) 취득일

「근로복지기본법」 제93조제1항제3호, 같은 법 시행령 제55조의6·제63조제1항 및 같은 법 시행규칙 제30조에 따라 위와 같이 기금법인의 운영상황을 보고합니다.

년 월 일

기금법인 대표자 (서명 또는 인)

○○지방고용노동청장(○○○○지청장) 귀하

첨부서류	1. 해당 연도 결산서 1부 2. 다음 연도의 사업계획서(추정재무상태표와 손익계산서를 포함합니다) 1부	수수료 없음

(4쪽 중 3쪽)

작성방법

1. (년도분)란에는 사내근로복지기금법인(이하 "기금법인"이라 함)의 회계연도 마지막 날이 속하는 연도를 적고, ⑥ 회계연도란에는 기금법인 회계연도의 시작하는 날과 마지막 날을 적습니다.
2. ⑧ 업종란에는 「통계법」에 따라 통계청장이 고시하는 한국표준산업분류표의 대분류 업종명을 적습니다.
3. ⑨ 소속근로자 수란에는 해당 기금법인이 설립된 사업 소속 근로자 수를 적고, ⑩ 협력업체근로자 수란에는 해당 사업으로부터 직접 도급받는 업체의 소속 근로자 및 해당 사업에의 파견근로자 수를 적습니다.
4. ⑪ 납입자본금란에는 주식회사의 경우 발행된 주식의 액면총액을, 조합·합명회사 또는 합자회사의 경우에는 출자금을 적습니다.
5. ⑫ 직전 회계연도 마지막 날 기준 기본재산 총액란에는 기금의 직전 회계연도 마지막 날까지 조성된 기금액을 적습니다.
6. 해당 회계연도 변동금액란(⑬ ~ ⑱)은 해당 회계연도 중 기금 조성액을 증가와 감소로 구분하여 항목별로 적습니다.
7. ⑬ 사업주 출연란에는 사업주가 해당 연도에 출연한 금액 전액을 적습니다.
8. ⑭ 수익금·이월금 전입란에는 사내근로복지기금협의회(이하 "복지기금협의회"라 함)에서 해당 회계연도 중 발생한 수익금을 기금 결산 시 목적사업에 사용하지 않고 기본재산으로 전입하기로 협의·결정한 금액이나 목적사업에 사용하지 않고 이월한 금액 중 기본재산으로 전입하기로 협의·결정한 금액을 적습니다.
9. ⑮ 사업주 외의 자 출연란에는 사업주 외의 자로부터 출연받은 금액을 적습니다. 출연받은 재산이 부동산이나 주식 등일 경우에는 취득 당시 시가평가액 또는 취득가액을 적습니다.
10. ⑯ 기금법인 합병란에는 기금법인 합병으로 인한 기본재산 증가액을 적습니다.
11. ⑰ 기본재산 사용란에는 ㉚부터 ㉝까지를 더한 금액을 적습니다.
12. ⑱ 기금법인 분할 등란에는 기금법인 분할 등으로 인한 기본재산 감소액을 적습니다.
13. ⑲ 소계란에는 사업주 출연(⑬), 수익금·이월금 전입(⑭), 사업주 외의 자 출연(⑮), 기금법인 합병(⑯)을 더한 금액에서 기본재산 사용(⑰), 기금법인 분할 등(⑱)을 더한 금액을 뺀 [(⑬+⑭+⑮+⑯)-(⑰+⑱)] 금액을 적습니다.
14. ⑳ 해당 회계연도 마지막 날 기준 기본재산 총액란 에는 직전 회계연도 마지막 날 기준 기본재산 총액(⑫)과 소계(⑲)의 합계액을 적습니다.
15. 기금 운용 및 관리란(㉑ ~ ㉘)에는 ⑳의 기본재산이 운용 또는 대부된 형태에 따라 구분하여 적습니다.
16. ㉗ 근로자 대부란에는 기본재산에서 해당 회계연도 마지막 날 현재 근로자에게 주택구입·임차자금, 우리사주 구입 및 생활안정자금 등으로 대부되어 있는 전체 금액(누계 금액)을 적습니다.
    ※ (예시) 직전 회계연도 마지막 날까지 30명에게 1억원이 대부금으로 쓰이고 있고, 해당 연도에 1천만원을 1명에게 대부했다가 그 연도의 중간에 상환받고, 그 연도에 다시 다른 사람에게 1천만원을 대부한 경우에, 총 대부금액은 1억1천만원으로 적습니다. 이 경우 수혜자 수는 32명으로 적습니다.
17. 기금사업 재원란(㉙~㉟)에는 기금사업(㉗ 근로자 대부는 제외함)을 위하여 사용이 가능한 재원을 적습니다. ㉗과 ㉟의 합계액은 ⑳과 일치해야 합니다.
18. ㉙ 해당 회계연도 기금운용 수익금란에는 해당 회계연도 중 발생한 기금의 수익금으로 기본재산에 전입하지 않은 금액을 적습니다.
19. ㉚ 해당 회계연도 출연금액의 100분의 50, 100분의 80 또는 100분의 90 범위란에는 해당 회계연도 출연금액의 100분의 50, 100분의 80(「근로복지기본법」 제62조제2항 각 호의 경우만 해당됨) 또는 100분의 90(「근로복지기본법 시행령」 제46조제4항제1호나목 단서의 경우만 해당함) 범위에서 복지기금협의회가 목적 사업에 사용하기로 정한 금액을 적습니다.
20. ㉛ 기본재산 총액의 해당 사업(장) 자본금 100분의 50 초과액란에는 기본재산의 총액이 해당 사업(장) 자본금의 100분의 50을 넘어 그 초과한 금액의 범위에서 복지기금협의회가 목적사업에 사용하기로 정한 금액을 적습니다.
21. ㉜ 직전 회계연도 기준 기본재산 총액의 100분의 20, 100분의 25 또는 100분의 30 범위란에는 직전 회계연도 기준 기본재산 총액을 해당 기금법인이 설립된 사업 소속 근로자 수로 나눈 금액이 200만원 이상인 기금법인이 「근로복지기본법 시행규칙」 제26조의2제1항제2호에 따른 금액 이상을 협력업체근로자의 복리후생 증진에 사용하는 경우 직전 회계연도 기준 기본재산 총액의 100분의 20, 100분의 25 또는 100분의 30 범위에서 복지기금협의회가 5년마다 사용하기로 정한 금액을 적습니다.
    ※ 복지기금협의회가 사용하기로 의결한 금액을 해당 회계연도에 모두 사용하지 않은 경우에는 다음 회계연도 운영상황 보고 시 ㉞ 이월금 등란에 적지 않고 ㉜ 직전 회계연도 기준 기본재산 총액의 100분의 20, 100분의 25 또는 100분의 30 범위란에 남은 금액을 적습니다.
22. ㉝ 공동근로복지기금 지원액 및 그 지원액의 100분의 50 범위란에서 「근로복지기본법 시행령」 제46조제7항에 따라 기본재산으로 공동근로복지기금을 지원한 금액과 그 금액의 100분의 50 범위에서 사용한 금액을 적습니다.
23. ㉞ 이월금 등란에는 직전 회계연도 마지막 날 기준 현재 기금사업을 수행하고 남은 금액을 적습니다.
24. 해당 회계연도 출연금 100분의 80 범위 사용 현황란(㊱ ~ ㊳) 및 해당 회계연도 출연금 100분의 90 범위 사용 현황란(㊴ ~ ㊶)에는 협력업체근로자의 복리후생 증진에 「근로복지기본법 시행규칙」 제26조의2제1항제1호 및 같은 조 제2항에 따른 금액을 사용하여 해당 회계연도 출연금의 100분의 80 또는 100분의 90 범위에서 기금사업을 한 경우에만 작성합니다.
25. ㊱ 해당 회계연도 출연금란에는 사업주 등이 출연한 금액의 합계(⑬+⑮)를 적습니다.
26. ㊲ 복지혜택을 받은 협력업체근로자 수란에는 협력업체근로자의 복리후생 증진에 해당 회계연도 출연금의 100분의 10을 초과하는 금액을 사용하여(「근로복지기본법 시행령」 제46조제4항제1호나목 본문) 해당 회계연도 출연금의 100분의 80 범위에서 목적사업을 한 경우 복지혜택을 받은 협력업체근로자 수를 적습니다.

27. ㊳ 협력업체근로자의 복리후생 증진에 사용한 금액란에는 ㊱ 중에서 협력업체근로자에게 사용한 금액 총액을 적습니다.
28. ㊴ 해당 회계연도 출연금란에는 사업주 등이 출연한 금액의 합계(⑬+⑮)를 적습니다.
29. ㊵ 복지혜택을 받은 협력업체근로자 수란에는 협력업체근로자의 복리후생 증진에 해당 회계연도 출연금의 100분의 20을 초과하는 금액을 사용하여(「근로복지기본법 시행령」 제46조제4항제1호나목 단서) 해당 회계연도 출연금의 100분의 90 범위에서 목적사업을 한 경우 복지혜택을 받은 협력업체근로자 수를 적습니다.
30. ㊶ 협력업체근로자의 복리후생 증진에 사용한 금액란에는 ㊴ 중에서 협력업체근로자에게 사용한 금액을 적습니다.
31. ㊷ 사용한 기본재산 총 금액란에는 「근로복지기본법 시행령」 제46조제4항제3호 및 「근로복지기본법 시행규칙」 제26조의2제3항제1호에 따라 직전 회계연도 기준 기본재산 총액의 100분의 20 범위에서 복지기금협의회가 사용하기로 정한 금액 중 해당 회계연도에 사용한 금액 총액을 적습니다.
32. ㊸ 협력업체근로자의 복리후생 증진에 사용한 금액란에는 ㊷ 중 협력업체근로자의 복리후생 증진에 사용한 금액을 적습니다.
33. ㊹ 복지혜택을 받은 협력업체근로자 수란에는 직전 회계연도 기준 기본재산 총액의 100분의 20 범위 사용을 통해 복지혜택을 받은 협력업체근로자 수를 적습니다.
34. ㊺ 소속근로자 1명당 수혜금액란에는 소속 근로자의 복리후생 증진에 사용한 금액(㊷ 금액에서 ㊸ 금액을 뺀 금액)을 소속 근로자 수(⑨)로 나눈 금액을 적습니다.
   ※ 소속근로자: 해당 기금법인이 설립된 사업 소속 근로자를 말하며, 이하 같습니다.
35. ㊻ 협력업체근로자 1명당 수혜금액란에는 협력업체근로자의 복리후생 증진에 사용한 금액(㊸)을 협력업체근로자 수(⑩)로 나눈 금액을 적습니다.
36. ㊼ 사용한 기본재산 총 금액란에는 「근로복지기본법 시행령」 제46조제4항제3호 및 「근로복지기본법 시행규칙」 제26조의2제3항제2호에 따라 직전 회계연도 기준 기본재산 총액의 100분의 25 범위에서 복지기금협의회가 사용하기로 정한 금액 중 해당 회계연도에 사용한 금액 총액을 적습니다.
37. ㊽ 협력업체근로자의 복리후생 증진에 사용한 금액란에는 ㊼ 중 협력업체근로자의 복리후생 증진에 사용한 금액을 적습니다.
38. ㊾ 복지혜택을 받은 협력업체근로자 수란에는 기본재산 100분의 25 범위 사용을 통해 복지혜택을 받은 협력업체근로자 수를 적습니다.
39. ㊿ 소속근로자 1명당 수혜금액란에는 소속근로자의 복리후생 증진에 사용한 금액(㊼ 금액에서 ㊽ 금액을 뺀 금액)을 소속근로자 수(⑨)로 나눈 금액을 적습니다.
40. ㉑ 협력업체근로자 1명당 수혜금액란에는 협력업체근로자의 복리후생 증진에 사용한 금액(㊽)을 협력업체근로자 수(⑩)로 나눈 금액을 적습니다.
41. ㉒ 사용한 기본재산 총 금액란에는 「근로복지기본법 시행령」 제46조제4항제3호 및 「근로복지기본법 시행규칙」 제26조의2제3항제3호에 따라 직전 회계연도 기준 기본재산 총액의 100분의 30 범위에서 복지기금협의회가 사용하기로 정한 금액 중 해당 회계연도에 사용한 금액 총액을 적습니다.
42. ㉓ 협력업체근로자의 복리후생 증진에 사용한 금액란에는 ㉒ 중 협력업체근로자의 복리후생 증진에 사용한 금액을 적습니다.
43. ㉔ 복지혜택을 받은 협력업체근로자 수란에는 기본재산 100분의 30 범위 사용을 통해 복지혜택을 받은 협력업체근로자 수를 적습니다.
44. ㉕ 소속근로자 1명당 수혜금액란에는 소속근로자의 복리후생 증진에 사용한 금액(㉒ 금액에서 ㉓ 금액을 뺀 금액)을 소속근로자 수(⑨)로 나눈 금액을 적습니다.
45. ㉖ 협력업체근로자 1명당 수혜금액란에는 협력업체근로자의 복리후생 증진에 사용한 금액(㉓)을 협력업체근로자 수(⑩)로 나눈 금액을 적습니다.
46. 복지사업비란(㉗ ~ ㊿)에는 해당 회계연도 중의 사업 실적을 목적사업과 대부사업으로 구분하여 적습니다. 대부사업의 경우에는 기본재산을 이용한 근로자 대부(㉗)를 포함합니다.
47. ㊿ 기금 운영비란에는 복지사업 외에 기금 운영과 관련한 지출비용을 적되, 수혜자 수는 적지 않습니다.
48. ㊿ 잔액란에는 남아 있는 목적사업 재원으로, ㉗과 ㉟의 합계액에서 '㊾부터 ㊿까지의 합계액(㊿)과 ㊿을 더한 금액'을 뺀 금액을 적습니다.
49. 선택적 복지비란(㉠·㉡)에는 기금법인의 목적사업을 선택적 복지제도로 운영한 경우 사용한 금액(㉠)과 수혜자 수(㉡)를 ㊾ ~ ㊿에 해당하는 복지사업비 중 그 운영실적(총액과 수혜자 수 합계)을 적습니다.
   ※ 선택적 복지제도 실적은 ㊾ ~ ㊿에 해당하는 복지사업비 속에 포함되는 것으로 예를 들어 체육·문화활동 지원 사업을 선택적 복지제도로 운영하여 100명에게 1천만원을 사용한 경우 ㊿에는 1천만원, 100명을 적고, ㉠, ㉡에도 1천만원, 100명을 포함하여 적습니다.
50. 부동산 현황(㉣ ~ ㉥)란에는 「근로복지기본법」 제67조 및 같은 법 시행령 제51조에 따라 기금법인이 소유하고 있는 부동산 현황을 적습니다. ㉣ 명칭란에는 부동산의 이용 목적 등을 고려하여 그 명칭을 적고, ㉤ 금액란에는 부동산을 취득하는 데 든 비용(출연받거나 기부받은 경우에는 최초 취득일 당시의 시가평가액 또는 취득가액)을 적으며, ㉥ 취득일란에는 기금법인이 부동산을 소유하여 등기한 연월일을 적습니다.

2장.
사내·공동근로복지기금 업무처리지침

사내·공동근로복지기금 업무처리지침

제정 2009.10.16 　　노동부 예규 제608호
개정 2009.12. 7 　　노동부 예규 제610호
전부개정 2011. 1. 3 고용노동부 예규 제 6 호
개정 2013.12.31 고용노동부 예규 제 64호
개정 2016. 1.19 고용노동부 예규 제106호
개정 2020. 2.11 고용노동부 예규 제2020-169호

제1조(목적) 이 예규는 「근로복지기본법」과 같은 법 시행령 및 시행규칙에 따라 사내근로복지기금법인의 설립인가와 사내근로복지기금의 관리·운영지도 등에 필요한 사항을 규정함을 목적으로 한다.<개정 2020.2.11.>

제2조(다른 법령과의 관계) 사내근로복지기금법인(이하 "기금법인"이라 한다)의 인가 및 관리·운영지도 등에 관하여 다른 법령에서 정하고 있는 것을 제외하고는 이 예규에서 정하는 바에 따른다. <개정 2020.2.11.>

제3조(지도원칙) 기금법인의 운영·관리 등을 지도할 때에는 법령에 위배되지 아니하는 범위에서 노사의 자율성이 보장되도록 하여야 한다.

제4조(인가권자) 기금법인의 설립인가는 「근로복지기본법 시행령」(이하 "영"이라 한다) 제65조제1항제3호에 따라 기금법인의 주된 사무소 소재지를 관할하는 지방고용노동관서의 장(이하 "관서장"이라 한다)이 한다.<개정 2020.2.11.>

제5조(인가신청) ① 기금법인설립준비위원회(이하 "준비위원회"라 한다)가 「근로복지기본법」(이하 "법"이라 한다) 제52조 및 제86조의3에 따라 기금법인을 설립할 때에는 다음 각 호의 서류를 붙여 「근로복지기본법 시행규칙」(이하 "규칙"이라 한다) 제20조에 따른 기금법인설립인가신청서를 관서장에게 제출하여야 한다.<개정 2020.2.11.>
1. 정관
2. 준비위원회 위원의 재직증명서나 그 밖에 신분을 증명하는 서류
3. 사내근로복지기금 출연확인서 또는 재산목록
4. 사업계획서 및 예산서
② 관서장은 제1항제1호에 따른 정관을 제8조 및 제9조에 따라 심사하고, 정관이 관계 법령 등에 위배되는 경우에는 그 변경을 명령하여야 한다.
③ 제1항제3호에 따른 사내근로복지기금 출연확인서는 해당 사업주 등이 사내근로복지기금(이하 "기금"이라 한다)에 재산을 출연하기로 한 것을 확인하는 서류이며, 재산목록은 이미 기금에 출연하여 금융회사 등에 예금·예탁되어 기금의 재산으로 증명될 수 있는 것의 목록을 말한다.
④ 제1항제4호에 따른 사업계획서 및 예산서는 기금법인의 최초 연도 사업을 위한 것으로 기금의 조성·사업·운용·관리 등의 운영방법이 법령에 위배되지 않아야 한다.

제6조(인가신청서의 처리) ① 관서장은 법 제52조제5항에 따른 기금법인 설립인가신청서를 접수하였을 때에는 제출된 관계 서류를 확인·조사하여 20일 이내에 인가 여부를 결정하고, 그 결과를 신청인에게 통지하여야 한다.<개정 2020.2.11.>
② 관서장은 기금법인 설립인가에 관한 심사를 하는 경우에는 별지 제1호서식의 설립인가심사보고서에 따라 확인·조사하여야 한다. <개정 2020.2.11.>
③ 제1항에 따라 기금법인 설립을 인가한 관서장은 그 기금법인에 분사무소가 있는 경우에 분사무소의 소재지를 관할하는 관서장에게 인가사항을 알려야 한다.<개정 2020.2.11.>

제7조(인가번호 부여요령) ① 관서장은 기금법인 설립을 인가한 경우에는 규칙 별지 제8호서식의 기금법인 설립인가대장(이하 "인가대장"이라 한다)에 기록하고 규칙 별지 제9호서식에 따라 기금법인 설립인가증(이하 "설립인가증"이라 한다)을 발급하여야 한다. 이 경우 기금법인 인가번호는 별표에 따라 관서별 고유번호를 기재하고, 연도표시 일련번호를 지정·부여하여야 한다.<개정 2020.2.11.>
② 제1항에 따라 설립인가증을 발급받은 기금법인이 관할 관서장을 달리하는 지역으로 이전하는 경우에도 최초의 고유번호를 그대로 사용·관리한다.<개정 2020.2.11.>

제7조의2(설립등기 안내) ① 관서장은 설립인가와 동시에 설립인가 신청인에게 설립인가증을 받은 날로부터 3주 이내에 설립등기를 할 수 있도록 문서, 구두, 유선 등의 적절한 방법으로 알려 주어야 한다.
② 제1항에 따라 설립등기를 안내할 때에는 「법인 및 재외국민의 부동산등기용등록번호에 관한 규칙」 별표 3의 법인종류별 분류번호에 맞게 법인종류는 특수법인으로, 분류번호는 기타 분류할 수 없는 법인으로 등록번호를 부여받을 수 있도록 안내하여야 한다.
[본조신설 2020.2.11.]

제8조(정관의 제정과 변경) ① 정관은 준비위원회에서 제정하고, 사내근로복지기금협의회(이하 "복지기금협의회"라 한다)의 협의·결정으로 변경하여야 한다.<개정 2020.2.11.>
② 준비위원회에서 정관을 제정한 때에는 참여위원 전부가 해당 정관의 말미에 서명하거나 기명날인하여야 한다.
③ 기금법인의 정관변경을 인가받으려는 자는 규칙 별지 제11호의 서식에 따라 다음 각 호의 서류를 첨부하여 관할 관서장에게 신청하여야 한다.<신설 2020.2.11.>
1. 정관변경 이유서
2. 개정될 정관(신.구조문대비표 포함)
3. 정관변경에 관한 복지기금협의회 회의록 사본
④ 관서장은 제3항에 따른 정관변경 인가신청서를 접수한 날부터 7일 이내에 처리하여야 한다.<신설 2020.2.11.>

제9조(정관의 심사) ① 관서장은 제6조제2항 및 제8조제3항, 제4항에 따라 정관을 심사할 때에 특히 다음 각 호의 내용을 유의하여 심사하고, 법령에 위배되는 사항은 지체 없이 시정을 명령하여야 한다.<개정 2020.2.11.>

1. 정관의 제정·변경절차의 합법성
2. 영 제31조제1항에 따른 정관의 기재사항
3. 영 제45조제1항에 따른 출연방법 등에 관한 사항
4. 영 제45조제2항에 따른 재산
5. 영 제46조제2항제3호에 따른 사업
6. 영 제46조제5항제4호에 따른 사업
7. 기금법인의 해산 시 잔여재산의 귀속에 관한 사항
8. 그 밖에 정관에서 위임하는 사항과 관련한 규정

② 법 제71조제2항에서 "정관에서 지정한 자"란 기금법인의 고유목적사업 및 이와 유사한 사업을 영위할 수 있는 개인 또는 단체로서 정관으로 지정한 자를 말한다.

제10조(기본재산총액 변경내역 보고) ① 관서장은 영 제35조제2항에 따라 보고받은 기본재산총액의 변경내역을 보고받은 때부터 3일 이내 별지 제2호서식의 사내근로복지기금법인관리대장(이하 "기금법인관리대장"이라 한다)에 기록하여야 한다.

② 관서장은 기금법인이 법 제62조제2항에 따라 기금출연과 동시에 그 출연금 중 일부를 사용한 경우에 출연금 총액 및 사용금액을 함께 보고하도록 하여야 한다.

제11조(업무대장의 작성·관리) ① 이 예규에서 정한 각종 업무대장의 작성·관리 및 보고의무는 「근로감독관집무규정」 제10조에 따른 근로감독행정 정보시스템에 입력하는 것으로 이를 갈음한다. <개정 2020.2.11.>

② 근로감독행정 정보시스템으로 업무를 처리하는 요령은 「근로감독행정 전산처리지침」에 따른다.

제12조(복지기금협의회의 기능) 복지기금협의회는 기금법인의 최고 의사결정 기관으로 법령에 위배되지 아니하는 범위에서 기금법인의 운영 등에 필요한 사항을 정할 수 있다.

제13조(감사의 기능) ① 감사는 매 회계연도 시작일부터 2개월 이내에 전년도 기금법인의 사무 및 회계에 관한 사항 등에 대하여 정기감사를 하여야 하며, 복지기금협의회의 요구가 있을 경우에는 수시감사를 할 수 있다.<개정 2020.2.11.>

② 감사는 법 제58조제4항의 업무 외에 다음 각 호의 업무를 할 수 있다.
1. 감사결과 부정·부당한 사항을 발견한 경우 기금법인의 이사에게 그 시정을 요구하고 복지기금협의회 및 감독관청에 보고
2. 제1호의 보고를 위하여 필요한 경우 복지기금협의회의 소집요구
3. 복지기금협의회에 출석하여 의견 진술

제14조(기관 간 겸직) 복지기금협의회의 위원과 이사는 겸직할 수 있으나, 복지기금협의회 위원과 이사는 감사를 겸직할 수 없다.<개정 2020.2.11.>

제15조(기금의 재원) ① 법 제61조제1항에 따라 기금에 출연하는 경우 사업주가 법인이면 해당 연도의 결산재무제표에 나타난 세전순이익을, 법인이 아니면 「소득세법」에 따른 확정신고 등 결산을

위한 관계 서류에 나타난 세전순이익을 각각 기준으로 한다.
② 기금에 출연하는 금액은 직전 사업년도 세전순이익을 기준으로 복지기금협의회가 협의·결정한 금액으로 한다. 다만, 복지기금협의회가 협의·결정하는 경우에는 그 기준을 전년도 결손금을 보전한 후의 이익 등으로 조정할 수 있다.
③ 사업주는 사업의 성질, 종류 및 근로복지 수준 등이 다른 사업의 노사관계에 부정적인 영향을 주지 않을 수 있는 적정한 수준에서 기금의 규모를 유지하여야 한다.

제16조(출연방법) 사업주는 영 제45조제1항에 따라 기금에 출연할 경우에 일시에 하거나 분할하여 할 수 있다.

제17조(기금법인의 사업) ① 기금법인은 법 제62조제2항 및 영 제46조제4항에 따른 기본재산의 사용범위를 초과하여 소비성 지출사업을 할 수 없다.
② 관서장은 기금법인이 제1항에 위반하여 기본재산을 사용하였거나 사용하고자 한 경우를 발견하였을 때에는 지체 없이 사업계획의 변경 또는 그 시정을 명령하여야 한다.
③ 영 제46조제2항제3호 및 영 제46조제5항제4호에 따라 정관으로 정하는 사업은 각 사업장의 실정에 맞는 근로자의 재산형성 지원 및 생활원조 등을 위한 적정한 사업이어야 한다.
④ 근로자의 주택취득자금 지원은 가급적 직장주택조합과 연계하여 운영하도록 하고, 무주택 근로자로서 국민주택규모 이하를 취득하려는 근로자에게 우선 지원하여야 한다.
⑤ 우리사주 구입자금 지원은 주식의 매매차익 이용 등 다른 목적으로 사용되어서는 아니 된다.
⑥ 규칙 제26조제1항제3호 단서와 관련하여 직장보육시설 운영비용 중 근로자가 부담해야 할 비용은 기금법인에서 지원할 수 있다.
⑦ 규칙 제26조제2항에 따른 근로복지시설의 규모가 적정한지 여부를 판단하는 경우에 「법인세법 시행규칙」제26조에 따라 업무와 관련이 없는 부동산으로 인정되면 적정규모를 초과한 것으로 본다.
⑧ 법 제62조제3항 및 영 제46조제5항에 따라 기금법인의 기본재산으로 근로자 대부사업을 할 경우에는 복지기금협의회에서 대부조건 등을 사전에 협의·결정하여야 하며, 기금의 안정성을 해치지 않는 적정한 범위에서 대부하여야 한다.<개정 2020.2.11.>

제18조(기금의 운용) 기금과 그 수익금에 따라 형성된 재산은 다음 각 호의 용도로 사용되어서는 아니 된다.
1. 해당 사업체의 영업재산과 운영자금 등으로 전용·대출하는 것
2. 기금법인 명의로 해당 사업체의 주식을 취득하거나 그 사업체에 출자하는 것

제19조(기금의 회계관리) ① 기금의 회계는 다음 각 호와 같이 구분하여 처리하여야 한다.
1. 기금의 운용·대부사업에서 발생하는 수익금을 관리하는 기금관리회계
2. 기금법인의 고유목적사업 수행을 위한 목적사업회계
② 기금법인은 이자소득 등으로 고유목적사업에 사용하기 위하여 고유목적사업준비금을 설정하여야 하며, 결손의 보전 그 밖에 부득이한 사유에 따른 회계사고에 충당하기 위하여 특별적립금을 적립할 수 있다.

제20조(사업계획서와 결산서의 작성) ① 사업계획서는 예산총칙, 목적사업계획서, 추정재무상태표, 추정손익계산서, 기금운용계획서 등으로 작성하여야 한다.<개정 2020.2.11.>
 ② 결산서는 예산집행개요, 재무상태표(부속서류로서 필요시 제예금명세서, 유가증권명세서, 대여금명세서, 고정자산명세서, 고유목적사업준비금명세서, 제세선급금명세서 등을 첨부), 손익계산서(부속서류로서 필요시 수입이자명세서, 그 밖의 수입금명세서 등을 첨부), 이익잉여금처분계산서, 예산집행대비표, 합계잔액시산표 등으로 작성하여야 한다.<개정 2020.2.11.>

제21조(공인회계사에 의한 감사) 기금법인은 복지기금협의회의 결의 또는 감사의 요구에 따라 공인회계사에게 감사를 의뢰할 수 있다.

제22조(기금법인의 부동산 소유) ① 기금법인은 법 제67조 및 영 제51조에 따른 경우를 제외하고는 부동산을 소유할 수 없다.
 ② (삭제)<개정 2020.2.11.>
 ③ 관서장은 기금법인이 기금에 출연 또는 기부된 부동산 중에 영 제51조에 따른 기금법인의 업무 수행상 필요한 것 외의 부동산을 정당한 사유 없이 기금에 출연 또는 기부된 날부터 1년 이내에 법 제63조의 운용방법으로 전환하지 않으면 지체 없이 시정을 명령하여야 한다.<개정 2020.2.11.>

제23조(복지제도의 통합) 사용자는 기금법인 설치 당시에 기금법인의 사업을 시행하고 있을 때에는 근로복지제도의 체계적·효율적 관리를 위하여 다른 법률에 따라 설치·운영할 의무가 있는 것을 제외하고는 복지기금협의회의 협의·결정에 따라 기금법인에 통합하여 운영할 수 있다.<개정 2020.2.11.>

제24조(기금법인의 해산) ① 청산인이 규칙 별지 제14호서식에 따라 기금법인의 해산을 통지한 경우 관서장은 기금법인 해산통지서와 그 첨부서류인 기금법인의 해산을 증명하는 서류, 해산 당시의 정관, 재산목록, 재산의 처분방법 및 처분계획서 등을 통해 해산사유와 잔여재산 처분 등의 적정성을 확인하여야 한다.<개정 2020.2.11.>
 ② 해산의 증명은 법인 등기사항증명서, 해산등기, 파산선고, 법원 판결문 등의 서류를 통해 적절히 확인하여야 한다.<신설 2020.2.11.>

제25조(운영상황관리) ① 관서장은 영 제30조제2항 및 영 제38조제2항에 따라 기금법인의 설립 및 정관변경을 인가한 경우에 그 내용을 인가대장에 기재하고, 별지 제1호서식의 기금법인 설립인가 심사보고서와 함께 관리·보존하여야 한다.<개정 2020.2.11.>
 ② 관서장은 영 제63조제1항에 따라 보고된 기금법인의 운영상황은 기금법인관리대장에 정리하여 기금의 조성·운용·운영상황 등을 연도별로 관리하여야 한다.
 ③ 관서장은 개별기금법인과 관련한 문서는 기금법인설립인가대장과 기금법인관리대장을 제외하고는 개별기금법인 단위로 서류철을 따로 작성·관리하여야 한다.

제26조(기금법인사무소의 소재지 이전에 따른 조치) ① 기금법인은 관할 관서장을 달리하는 지역으로 사무소의 소재지를 이전한 경우에 신사무소 소재지 관할 관서장에게 영 제38조에 따라 정관변경

인가신청을 하여야 한다.<개정 2020.2.11.>
② 관서장은 제1항에 따라 정관변경 인가신청을 받은 경우 즉시 구사무소 소재지 관할 관서장에게 다음 각 호의 서류의 이관을 요청하여야 하며, 요청받은 구사무소 소재지 관할 관서장은 지체 없이 이관하여야 한다.
1. 정관
2. 기금법인설립인가대장 등 인가와 관련한 서류
3. 기금법인관리대장 등 운영상황과 관련한 서류
③ 제1항에 따라 정관변경 인가를 받은 기금법인은 영 제34조에 따른 이전등기를 하여야 하며, 이전등기에 따른 등기내용의 확인에 관하여는 영 제32조제3항을 준용한다.
④ 제3항에 따라 이전등기 내용을 확인한 관서장은 이를 구사무소 소재지 관할 관서장에게 송부하여야 한다.<개정 2020.2.11.>

제27조(운영상황의 점검) ① 관서장은 「근로감독관집무규정」에 따라 사업장 근로감독 시 기금법인이 설치되어 있는 사업에 대해서는 운영상황을 점검하여야 한다.
② 관서장은 기금법인의 운영상황점검.보고서 검토 결과 위법하거나 부당한 사항이 발견된 때에는 「근로감독관집무규정」에 따라 처리하여야 한다.

제28조(운영상황보고) ① 영 제63조제1항에 따라 기금법인으로부터 보고받은 관서장은 해당 분기에 결산을 종료하는 기금법인의 운영상황을 집계하여 해당 분기 다음달 10일까지 근로감독행정 정보시스템에 입력하여 고용노동부장관에게 보고하여야 한다.
② 제1항에 따라 주사무소를 관할하는 관서장은 기금법인의 운영상황을 집계·보고할 경우에 기금법인의 주사무소에게 그 분사무소까지 포함하여 기금의 수.조성금액.운용방법.운영실적 등을 일괄 작성.보고토록 하며, 분사무소 관할 관서장도 관내 기금법인의 운영상황을 따로 파악·관리하여야 한다.

제28조의2(준용) 공동근로복지기금제도에 관하여는 제1조부터 제28조까지의 규정을 준용한다. 이 경우 제1조, 제2조 중 "사내근로복지기금법인"을 "공동근로복지기금법인"으로 보고, 제2조부터 제7조까지, 제9조, 제10조, 제12조, 제13조, 제17조부터 제18조, 제19조까지, 제21조부터 제28조 중 "기금법인"은 "공동기금법인"으로 보고, 제5조 중 "기금법인설립준비위원회"를 "공동기금법인설립준비위원회"로 보며, 제5조, 제6조 중 "사내근로복지기금"을 "공동근로복지기금"으로 보고, 제6조 중 "기금법인 설립인가신청서"를 "공동기금법인 설립인가신청서"로 보며, 제8조 중 "사내근로복지기금협의회"는 "공동근로복지기금협의회"로 보고, 제10조 중 "사내근로복지기금법인관리대장"을 "공동근로복지기금법인관리대장"으로 각각 본다.

제29조(재검토 기한) 고용노동부장관은 이 예규에 대하여 2020년 1월 1일 기준으로 매 3년이 되는 시점(매 3년째의 12월 31일까지를 말한다)마다 그 타당성을 검토하여 개선 등의 조치를 하여야 한다.<개정 2020.2.11.>

부칙

제1조(시행일) 이 예규는 2020년 2월 11일부터 시행한다.

[별표]

인 가 번 호 부 여 요 령

1. 노사누리시스템에서 사내(공동)근로복지기금법인 설립인가를 하면 인가번호는 [인가관서-인가년도-일련번호] 형태로 부어된다.

    ※ 예: 서울청   2000-2009-11

2. 사내(공동)근로복지기금법인 관할 관서를 변경해도 인가번호는 변경되지 않는다.

    [인가관서-인가년도-일련번호]
    - 인가관서: 최초 사내(공동)근로복지기금법인 설립을 인가한 관서의 기관코드
    - 인가년도: 사내(공동)근로복지기금법인 설립을 인가한 년도
    - 일련번호: 관서별, 연도별 설립인가 일련번호

[기관별 고유번호 일람]

서 울 청	2000	부 산 청	3000	대 구 청	4000	중 부 청	5000	광 주 청	6000	대 전 청	7000
서울강남	2010	부산동부	3010	대구서부	4010	인천북부	5010	전 주	6110	청 주	7110
서울동부	2020	부산북부	3020	포 항	4110	경 기	5110	익 산	6120	충 주	7120
서울서부	2030	창 원	3110	구 미	4120	부 천	5120	군 산	6130	천 안	7210
서울남부	2040	울 산	3120	영 주	4130	안 양	5130	목 포	6210	보 령	7220
서울북부	2050	양 산	3130	안 동	4140	안 산	5140	여 수	6220		
서울관악	2060	진 주	3140			성 남	5160	제 주	6310		
		통 영	3150			의정부	5150				
						평 택	5170				
						고 양	5180				
						춘 천	2110				
						태 백	2120				
						강 릉	2130				
						원 주	2140				
						영 월	2150				

2. 사내·공동근로복지기금 업무처리지침 별지 서식

[별지 제1호서식]

기금(공동기금)법인설립인가심사보고서

	담 당	과 장	청(지청)장	결재

1. 기금(공동기금)법인의 개요

기금(공동기금)법인	기금(공동기금)법인명			사업체	소재지	(전화)		
	소재지	(전화)			대표자		업종	
	대표자				근로자		노조원수	

2. 심사내용

심사항목(관련법령)	의 견		심사항목(관련법령)	의 견	
	적정	부적정		적정	부적정
가. 준비위원회 구성은 타당한가(법 제55조, 제86조의3)			- 영 제46조제2항제3호 및 영 제46조제5항제4호의 합법성 여부		
나. 구비서류는 갖추었는가 (영 제30조)			9) 사내(공동)근로복지기금의 운용방법(법 제63조)		
다. 정관에 정하여야 할 사항은 빠짐없이 기재하고 내용은 법령에 합당한가			10) 정관의 변경 절차 및 내용에 관한 사항(법 제53조, 영 제38조)		
1) 정하여야 할 사항은 (영 제31조제1항)			11) 다른 복지사업과의 통합운영에 관한 사항(법 제68조)		
2) 목적·명칭·사무소 소재지는 (영 제31조제1항)			12) 기금(공동기금)법인의 업무수행상 필요한 부동산 소유에 관한 사항 (법 제67조, 영 제51조)		
3) 사내(공동)근로복지기금의 조성방법과 출연시기(법 제61조, 제86조의2, 영 제45조)			13) 기금(공동기금)법인의 관리·운영사항 공개방법에 관한 사항 (법 제66조, 영 제50조)		
4) 사내(공동)근로복지기금의 회계에 관한 사항(법 제64조, 영 제48조, 제49조)			14) 기금(공동기금)법인의 해산에 관한 사항 (법 제70조, 제71조 내지 제77조, 제86조의8. 영 제52조, 제53조, 제54조)		
5) 복지기금(공동기금)협의회의 구성 및 기능과 회의에 관한 사항(법 제55조, 제86조의4, 영 제39조, 제40조, 법 제56조, 영 제41조 내지 제44조)			라. 그 밖의 관계법령에 저촉되거나 필요한 규정의 미비, 기준의 불명확 등으로 다툼의 소지는 없는가		
6) 이사 및 감사에 관한 사항 (법 제58조 내지 제60조)			마. 행정지도에 위반되거나 사회통념상 부당한 규정은 없는가		
7) 이사의 공동대표권 행사방법에 관한 사항(법 제58조제2항)					
8) 기금(공동기금)법인의 사업 및 수혜대상에 관한 사항(법 제62조, 영 제46조)					
종합의견			시정을 요하는 사항		

위와 같이 심사·보고합니다.
심 사 일   .   .   .
심 사 자   서명 또는 인

210㎜×297㎜(일반용지 60g/㎡(재활용품))

[별지 제2호서식]

(앞쪽)

사내(공동)근로복지기금법인관리대장

1. 기금(공동기금)법인의 개요

기금(공동기금)법인	인가번호		인가년월일		기금의 회계기간	년 월 일 ~ 년 월 일
	명 칭					
	소 재 지		(전화:)			
	대 표 자					
사 업 장	대 표 자					
	근로자수	노	사		업종 ( )	
복지기금(공동기금) 협의회 위원	근 로 자 측	성 명	직 책	사 용 자 측	성 명	직 책
	노조원수	명		자본금		
						위원
등기	설립등기일			관할등기소		
				대표자명		
				등기일		
분사무소	소 재 지 (전화)					

2. 기본재산현황

(단위: 천원)

구분(연도별)	사업주 출연			수익금 전입	제3자 출연 등 기타	임금사용 등 변동해	계	기본재산 누계액
설립시								

3. 기금의 운용

(단위: 천원)

구분(연도별)	금융회사 예입예탁	투자신수익 증권매입	유가증권 매입	근로자 복지대부	기 타	계
설립시						

※ 기재요령
① 업종난에는 한국표준산업분류표상의 17개 대분류 업종 및 코드 기재(A~Q)
② 기본재산현황란에는 기금(공동기금)법인 설립시 및 연도결산에 기본재산누계액 각각 기재

364mm×257mm
(인쇄용지(특급) 70g/㎡)

- 119 -

(뒷쪽)

4. 기금(공동기금)별인의 운영상황
(단위: 천원)

구분 연도		합계	복지사업비								근로자 대부	기금 운영비
			소계	주택 자금	우리사주구입	생활안 정자금	보 조					
							장학금	재난 구호금	복지 시설	기타 복지비		
총계	금액											
	인원											
	금액											
	인원											
	금액											
	인원											
	금액											
	인원											
	금액											
	인원											
	금액											
	인원											
	금액											
	인원											
	금액											
	인원											

5. 부동산 현황
(단위: 천원)

명 칭	금 액	취득일 (처분일)

6. 기금(공동기금)별인의 해산에 관한 사항
(단위: 천원)

해산일자		해산사유		해산당시 재산	
재 산 처 분 내 역					
잔여재산처리내역					

3장.
공동근로복지기금 지원사업 운영규정

1. 공동근로복지기금 지원사업 운영규정

공동근로복지기금 지원사업 운영규정

제정 2016. 3.17. 고용노동부고시 제2016- 16호
일부개정 2019.12.31. 고용노동부고시 제2019- 96호
일부개정 2020.12.24. 고용노동부고시 제2020-160호
일부개정 2022. 4.28. 고용노동부고시 제2022- 41호
일부개정 2023. 5.10. 고용노동부고시 제2023- 18호

제1장 총 칙

제1조(목적) 이 고시는 「근로복지기본법」제86조의5 및 같은 법 시행령 제55조의3제4항에서 고용노동부장관에게 위임한 사항과 공동근로복지기금에 대한 지원을 효율적으로 수행하기 위해 필요한 사항을 정함을 목적으로 한다. <개정 2022. 4. 28., 개정 2023.5.10.>

제2조(정의) 이 고시에서 사용하는 용어의 뜻은 다음 각 호와 같다. <개정 2022. 4. 28., 2023.5.10.>

1. "공동근로복지기금"(이하 "공동기금"이라 한다)이란 「근로복지기본법」(이하 "법"이라 한다) 제86조의2에 따라 조성된 기금을 말한다.
2. "공동근로복지기금법인"(이하 "공동기금법인"이라 한다)이란 법 제86조의11 및 제52조에 따라 설립된 법인을 말한다.
3. "중소기업"이란 「중소기업기본법」제2조에 따른 중소기업을 말한다.(개정 2023.5.10.)
4. "대기업"이란 「대·중소기업 상생협력 촉진에 관한 법률」제2조제2호에 따른 대기업을 말한다.
5. "지방자치단체"란 「지방자치법」제2조에 따른 지방자치단체를 말한다.
6. "공동근로복지기금 지원사업"(이하 "공동기금 지원사업"이라 한다)이란 법 제86조의5 및 같은 법 시행령(이하 "영"이라 한

다) 제55조의3제1항·제2항 및 제3항에 따라 공동기금법인이 법 제62조제1항에 따른 사업을 시행하는 경우 설립·운영에 필요한 비용을 지원하는 사업을 말한다.

7. "상생형중견기업"이란 「국가균형발전특별법」 제11조의2에 따른 상생형지역일자리의 참여 주체로서 「중견기업 성장촉진 및 경쟁력 강화에 관한 특별법」 제2조제1호에 따른 중견기업을 말한다.(신설 2023.5.10.)

8. "상생협약"이란 도·수급기업의 상생발전, 이출구조 해소 및 근로자 복지 증진 등을 공동의 목표로 하여 업종 또는 지역 단위에서 고용노동부와 도·수급기업, 수급기업, 해당 근로자(또는 노동조합), 지방자치단체, 관련분야 전문가 등이 참여하여 합의 또는 의결 등을 기반으로 체결하는 협약으로서 개별 참여자의 역할이 구체적으로 기술된 협약을 말한다.(신설 2023.5.10.)

제3조(다른 법령과의 관계) 공동기금 지원에 대해서는 다른 법령에서 특별히 정하고 있는 것을 제외하고는 이 고시에서 정하는 바에 의한다. <개정 2019. 12. 31.>

제4조(사업계획 수립 등) ① 「산업재해보상보험법」에 따른 근로복지공단(이하 "공단"이라 한다)은 고용노동부장관의 승인을 얻어 매년 다음까지 다음 연도 공동기금 지원사업 계획을 수립하여야 한다. <개정 2019. 12. 31.>

② 제1항에 따른 사업계획에는 직전년도 사업운영 평가, 지원목표, 신규 지원 공동기금 발굴계획 등 사업 시행에 필요한 사항을 명시하여야 한다. <신설 2019. 12. 31.>

제2장 공동기금 지원사업의 운영

제5조(업무의 수행) 공단은 공동기금 지원사업의 효율적 수행을 위하여 다음 각 호의 업무를 수행한다.<개정 2019.12.31.>

1. 공동기금을 도입하는 데 필요한 컨설팅 수행
2. 사업대상 발굴 및 제도 홍보
3. 근로복지기금 지원 심사위원회 운영

- 124 -

4. 신청서 접수 및 검토·확인, 처리결과 통지 등 지원 절차 진행
5. 지원금 지급 및 지급취소 결정 등 예산 집행
6. 부정수급 조사 및 지원금 반환·회수
7. 그 밖에 이 고시의 시행에 필요한 업무

제6조(근로복지기금 지원 심사위원회) ① 공단은 공동기금 지원사업의 원활한 수행을 위하여 근로복지기금 지원 심사위원회(이하 "위원회"라 한다)를 구성·운영할 수 있다.

② 위원회는 다음 각 호의 사항을 심의·의결 한다.<개정 2019.12.31.>
1. 지원요건 및 대상, 범위 등 지원여부 결정에 관한 사항
2. 공동기금법인의 사업계획, 지원금액 등 지원수준 결정에 관한 사항
3. 그 밖에 공동기금 지원사업의 운영과 관련하여 위원장 또는 재적위원 과반수가 심의를 요청한 사항

③ 위원회는 위원장을 포함하여 5인 이상 7인 이내로 구성하며, 위원장은 공단의 해당 업무 1급 상당 직원으로 하고, 개정 공단 이사장이 정한다.<신설 2019. 12. 31.>

④ 이 고시에서 정한 사항 외에 위원회의 구성 및 운영방법 등 필요한 사항은 공단 이사장이 정한다. <신설 2019. 12. 31.>

제7조(지원요건) ① 공단은 영 제55조의3제1항 각 호에서 정한 공동기금법인이 영 제62조제1항에 따른 사업을 시행하기 위하여 기금을 조성할 경우 공동기금법인에 대하여 필요한 비용을 지원할 수 있다.<개정 2019.12.31.>

② 공단은 영 제55조의3제1항제2호에서 정한 공동기금법인이 다음 각 호에 출연하는 경우에 필요한 비용을 지원할 수 있다.<개정 2022. 4. 28., 2023.5.10.>
1. 영 제55조의3제1항제1호의 경우: 「대·중소기업 상생협력 촉진에 관한 법률」에 따른 상생협력기금에 해당하는 경우로서 지방자치단체로부터 출연받는 경우
2. 영 제55조의3제1항제2호의 경우: 대기업이나 도급인, 지방자치단체로부터 출연받는 경우

3. 영 제55조의3제1항제3호의 경우: 지방자치단체로부터 출연받는 경우

③ 제1항 및 제2항에도 불구하고 공동기금법인이 다음 각 호의 어느 하나에 해당하는 경우에는 지원하지 아니한다. <개정 2019. 12. 31.>

1. 사업의 일부가 분할된 후 분할된 각 사업주가 포함되어 공동으로 설립된 경우
2. 공동기금에 참여한 사업주 중 둘 이상의 사업주 간에 「법인세법」제2조제12호 및 같은 법 시행령 제2조제5항에 따른 특수관계인의 관계가 성립하는 경우

④ 동일한 도급인의 정당한 이유 없이 소수의 수급인이 참여하는 다수의 공동기금을 지원하는 경우에는 위원회의 심의 · 의결을 거쳐 영 제55조의3제2항에 따른 지원을 제한할 수 있다. 이 경우 영 둘 중이나 지역을 달리하거나 공동기금을 설립한 시차가 있는 경우, 그 밖의 불가피한 사정이 있는 경우에는 정당한 이유가 있는 것으로 본다. <신설 2019. 12. 31.>

제8조(지원수준) ① 공단은 공동기금 참여 사업주가 출연한 금액의 100분의 100 범위에서 지원하되, 매년 예산사정 등을 고려하여 지원금액을 결정할 수 있다.

② 제1항에 따른 지원금은 공동기금법인 당 공동기금에 참여한 사업장 수 또는 수혜를 받는 중소기업 및 상생협력중견기업(이하 '중소기업등'이라 한다) 근로자 수에 따라 다음 표의 각 구분에 따른 금액을 한도로 한다.(개정 2023.5.10.)

구분	참여 사업장 수 또는 수혜를 받는 중소기업등 근로자 수		
	5개소 미만 또는 100인 미만	5개소 이상 10개소 미만 또는 100인 이상 500인 미만	10개소 이상 30개소 미만 또는 500인 이상 1,000인 미만	30개소 이상 또는 1,000인 이상
지원한도	2억원	5억원	10억원	20억원

③ 제2항에도 불구하고 지역단위 또는 산업단위 공동기금에 참여한 사업장 수가 50개소 이상이고, 수혜를 받는 중소기업등 근로자 수가 1,500인 이상일 경우에는 30억원을 한도로 지원할 수 있다. 이 경우 지역단위 또는 산업단위의 범위 및 요건 등에

대해서는 공단 이사장이 별도로 정한다.(개정 2023.5.10.)

④ 공단은 영 제55조의3제1항제2호에서 정한 공동기금법인이 대기업 또는 도급인으로부터 출연받은 금액의 100분의 100 범위에서 지원하되, 매년 예산사정 등을 고려하여 지원금액을 결정할 수 있다.

⑤ 제4항에 따른 지원금은 공동기금에 참여한 사업장 수 또는 수혜를 받는 중소기업 근로자 수에 따라 다음 표의 구분에 따른 금액을 한도로 한다.

구분	5개소 미만 또는 100인 미만	5개소 이상 10개소 미만 또는 100인 이상 500인 미만	10개소 이상 30개소 미만 또는 500인 이상 1,000인 미만	30개소 이상 또는 1,000인 이상
참여 사업장 수 또는 수혜를 받는 중소기업 근로자 수				
지원한도	2억원	3억원	5억원	10억원

⑥ 제5항에도 불구하고 공단은 상생협약을 체결한 대기업 또는 도급인이 상생협약에 따라 영 제55조의3제1항제2호에서 정한 공동기금법인에 출연한 금액을 증액한 경우 제5항에 따른 지원금액의 100분의 100 범위에서 가산한 금액을 한도로 지원할 수 있다.(개정 2023.5.10.)

⑦ 공단은 영 제55조의3제1항 각 호(제1호의 경우 대기업이 상생협중견기업인 경우만 해당한다)에서 정한 공동기금법인이 지방자치단체로부터 출연받은 금액의 100분의 100 범위에서 지원하되, 매년 예산사정 등을 고려하여 지원금액을 결정할 수 있다.(신설 2023.5.10.)

⑧ 제7항에 따른 지원금은 공동기금에 참여한 사업장 수 또는 수혜를 받는 중소기업등 근로자 수에 따라 다음 표의 구분에 따른 금액을 한도로 한다.(개정 2023.5.10.)

구분	참여 사업장 수 또는 수혜를 받는 중소기업등 근로자 수		
	10개소 미만 또는 500인 미만	10개소 이상 30개소 미만 또는 500인 이상 1,000인 미만	30개소 이상 또는 1,000인 이상
지원한도	2억원	4억원	6억원

[본조신설 2019. 12. 31.]

[제9조에서 이동, 종전 제8조는 제10조로 이동<2019.12.31.>]

제9조(지원기간) ① 제7조제1항에 따른 지원금은 공동기금에 참여한 사업장 수 또는 수혜를 받는 중소기업 근로자 수에 따라 다음 표의 구분에 따른 기간 내에 누적 지원금이 제8조제2항에 따른 한도에 이를 때까지 지원한다.

구분	참여 사업장 수 또는 수혜를 받는 중소기업등 근로자 수		
	10개소 미만 또는 500인 미만	10개소 이상 30개소 미만 또는 500인 이상 1,000인 미만	30개소 이상 또는 1,000인 이상
지원한도	설립한 날부터 3년	설립한 날부터 4년	설립한 날부터 5년

② 제1항에도 불구하고 지역단위 또는 산업단위 공동기금에 참여한 사업장 수가 50개소 이상이고, 수혜를 받는 중소기업등 근로자 수가 1,500인 이상일 경우 설립한 날부터 7년간 누적 지원금이 제8조제3항에 따른 한도에 이를 때까지 지원할 수 있다. 이 경우 지역단위 또는 산업단위의 범위 및 요건 등에 대해서는 공단 이사장이 별도로 정한다.(개정 2023.5.10.)

③ 제7조제2항에 따른 지원금은 매년 제8조제5항 및 제8조제6항에 따른 한도 내에서 지원한다. 다만, 지방자치단체의 출연에 의한 지원은 공동기금법인이 설립한 날부터 3년간 지원한다.(개정 2023.5.10.)

[본조신설 2019. 12. 31.]
[제10조에서 이동, 종전 제9조는 제8조로 이동 <2019. 12. 31.>]

제10조(지원절차) ① 제7조제1항에 따라 공동기금 지원을 받으려는 공동기금법인의 대표자는 공동기금법인의 지원기간이 만료되기 전 공단에 별지 제1호서식의 공동기금 지원신청서를 제출하여야 한다. 제7조제2항에 따른 지원을 받으려는 경우에는 출연금의 납부일부터 3년 이내에 신청서를 제출하여야 한다. <개정 2020. 12. 24.>

② 공단은 지원신청서를 제출받은 후 위원회가 지원 여부를 심의·의결하도록 하여야 한다. 다만, 신청한 지원금액이 공단 이사장이 정하는 금액 미만일 경우에는 위원회의 심의·의결을 거치지 아니할 수 있다.

③ 공단은 위원회가 지원 여부를 심의·의결한 경우 그 결과를 지체없이 신청인에게 통지하여야 한다.

④ 그 밖의 지원절차에 관한 세부적인 사항은 공단 이사장이 정한다.

제10조의2(목적 외 사용방지) ① 공단은 지원금을 받은 공동기금법인이 지원금으로 별 제62조제1항에 따른 사업을 시행하였는지의 여부를 적절한 방법으로 확인하여야 한다.

② 제1항에 따른 확인의 절차, 방법, 시기 등은 공단 이사장이 별도로 정한다.

③ 공단은 제1항에 따른 확인을 실시하도 필요하다고 인정하는 때에는 관할 지방고용노동관서의 장에게 기금법인에 대해 운영상황 점검 등을 요청할 수 있다.(신설 2023.5.10.)
[본조신설 2019. 12. 31.]

제11조(지원의 제한) ① 공동기금법인이 거짓이나 그 밖에 부정한 방법으로 지원금을 받거나 지원금을 목적 외 사용한 경우에 다음 각 호의 구분에 따른 기간 동안 지원을 제한한다.<개정 2022. 4. 28., 개정 2023.5.10.>

1. 지원금 신청을 하였으나 아직 지원금을 지급받기 전에 거짓이나 부정한 방법으로 지원 신청한 것이 발견된 경우: 지원 신청일부터 3년 <개정 2022. 4. 28.>

- 129 -

2. 지원금을 이미 지급받은 이후 거짓이나 부정한 방법으로 지원 신청한 것이 발견된 경우: 해당 지원금에 대한 반환결정일로부터 3년 <개정 2022. 4. 28.>
3. 지원금의 목적 외 사용으로 지원금 반환이 결정된 경우: 지원금에 대한 반환결정일로부터 3년<신설 2023.5.10.>
② 공동기금법인, 공동기금법인의 이사 및 공동기금제도를 운영하는 사업의 사용자가 법 제97조 또는 제98조에 따라 형벌을 받은 경우 형이 확정된 날부터 3년간 지원을 제한한다. <신설 2022. 4. 28.>
③ 공동기금법인이 법 제99조에 따라 과태료를 부과받은 경우 과태료 부과일로부터 1년간 지원을 제한한다. <신설 2022. 4. 28.>
④ 공단은 제1항부터 제3항까지에 따른 지원 제한 기간 이후 조성된 기금부터 지원할 수 있다. <신설 2022. 4.28.>

제12조(지원의 보류) ① 공동기금법인이 다음 각 호의 어느 하나에 해당하는 경우 위원회의 심의·의결을 거쳐 지원여부의 결정을 보류할 수 있다.
1. 공동기금법인이나 공동기금법인의 대표자 또는 이사를 피신고인으로 하여 「근로감독관 집무규정」에 따른 신고사건이 접수되고, 해당 신고사건을 처리하는 지방고용노동관서의 장이 지원결정의 보류 의견을 제시한 경우
2. 공동기금법인이 법 제93조에 따른 시정명령 또는 「근로감독관 집무규정」에 따른 시정지시를 받은 경우
② 공단은 제1항에 따라 지원결정을 보류한 경우 차기 위원회의 심의·의결을 거쳐 지원여부를 결정하여야 한다.
[본조신설 2022. 4. 28.]
[종전 제12조는 제13조로 이동 <2022. 4. 28.>]

제13조(지원금의 관리) 지원금의 신청, 관리·정산, 거짓이나 부정한 방법으로 신청한 지원금에 대한 처리, 지원금 환수 등에 관한 사항 중 이 고시에서 정하지 아니한 사항은 「보조금 관리에 관한 법률」에 따른다.
[제12조에서 이동, 종전 제13조는 제14조로 이동 <2022. 4. 28.>]

제3장 보 칙

제14조(업무수행기준) 이 고시에서 정한 사항을 제외하고 공동기금범인의 지원신청, 지원금 지급·회수 반환 등에 관한 절차 등 지원사업 운영에 필요한 세부적인 사항 등은 공단 이사장이 별도로 정하여 시행한다. <개정 2019. 12. 31.>
[제13조에서 이동, 종전 제14조는 제15조로 이동 <2022. 4. 28.>]

제15조(재검토기한) 고용노동부장관은 이 고시에 대하여 2023년 7월 1일 기준으로 매 3년이 되는 시점(매 3년째의 6월 30일까지를 말한다)마다 그 타당성을 검토하여 개선 등의 조치를 하여야 한다. <개정 2022. 4. 28. 개정 2023.5.10.>
[제14조에서 이동 <2022. 4. 28.>]

부 칙 <제2023-18호, 2023. 5. 10.>

제1조(시행일) 이 고시는 발령한 날부터 시행한다. 다만 제8조제6항, 제9조제3항 및 제5항의 개정 규정은 2023년 1월 1일부터 시행한다.

제2조(경과조치) 제11조제1항제3호는 이 고시 시행 이후 목적 외 사용이 발생한 경우부터 적용한다.

2. 공동근로복지기금 지원사업 운영규정 별지 서식

■ 공동근로복지기금 지원사업 운영규정 [별지 제1호서식] <개정 2020. 12. 24.>

공동근로복지기금 지원신청서

※ 해당되는 사항 □에 √표를 합니다. (앞 쪽)

접수번호		접수일		처리기간	

신청인	기금법인명			대표자	
	소 재 지			전 화	
	인가번호		법인등록번호		
	참여 사업장수		수혜 중소기업 근로자 수		

공동기금 법인 참여 사업장	사업장(1)	사업장명(대표자)		사업자등록번호	
		소재지(전화)			
		상시근로자수		업종(주생산품)	
	사업장(2)	사업장명(대표자)		사업자등록번호	
		소재지(전화)			
		상시근로자수		업종(주생산품)	

※ 기금법인 참여사가 2개소를 초과할 경우에는 별도 용지에 작성하여 첨부합니다.

대기업 또는 도급업체 현황	사업장명		대표자	
	소 재 지		전 화	
	상시근로자수		업종(주생산품)	

지원요건	기금출연	□ 둘 이상의 기업이 공동근로복지기금 조성 □ 대기업이 중소기업 공동근로복지기금에 출연 □ 도급업체가 중소기업 공동근로복지기금에 출연 □ 지방자치단체가 중소기업 공동근로복지기금에 출연

출연(예정) 금액		원	지원신청 금액		원

※ 공동근로복지기금 지원사업 운영규정에 따른 지원을 받은 사실이 있습니까? □예 □아니오

공동근로복지기금 지원사업 운영규정 제10조에 따라 위와 같이 지원 신청합니다.

년 월 일

신청인 (서명 또는 인)

근로복지공단 이사장 귀하

구비서류	신청인 제출서류	담당자 확인사항 (행정정보 공동이용에 동의하지 않는 경우 해당서류 제출)
	2. 중소기업확인서 각 1부(참여 사업장이 중소기업인 경우) 2. 공동기금법인의 정관 1부 3. 공동기금법인의 해당 연도 사업계획서 1부 4. 공동기금출연확인서 또는 재산목록 1부 5. 서약서 1부	1. 법인등기부등본, 사업자등록증 사본 각 1부.

※ 신청인은 본 신청서의 처리와 관련하여 필요한 사항을 「전자정부법」제36조에 따른 행정정보의 공동이용을 통하여 담당자가 위의 '담당자 확인사항'을 확인하는 것에 [□ 동의, □ 부동의] 합니다.

210mm×297mm[(백상지(80g/㎡) 또는 중질지(80g/㎡)]

(뒤 쪽)

이 신청서는 아래와 같이 처리됩니다.

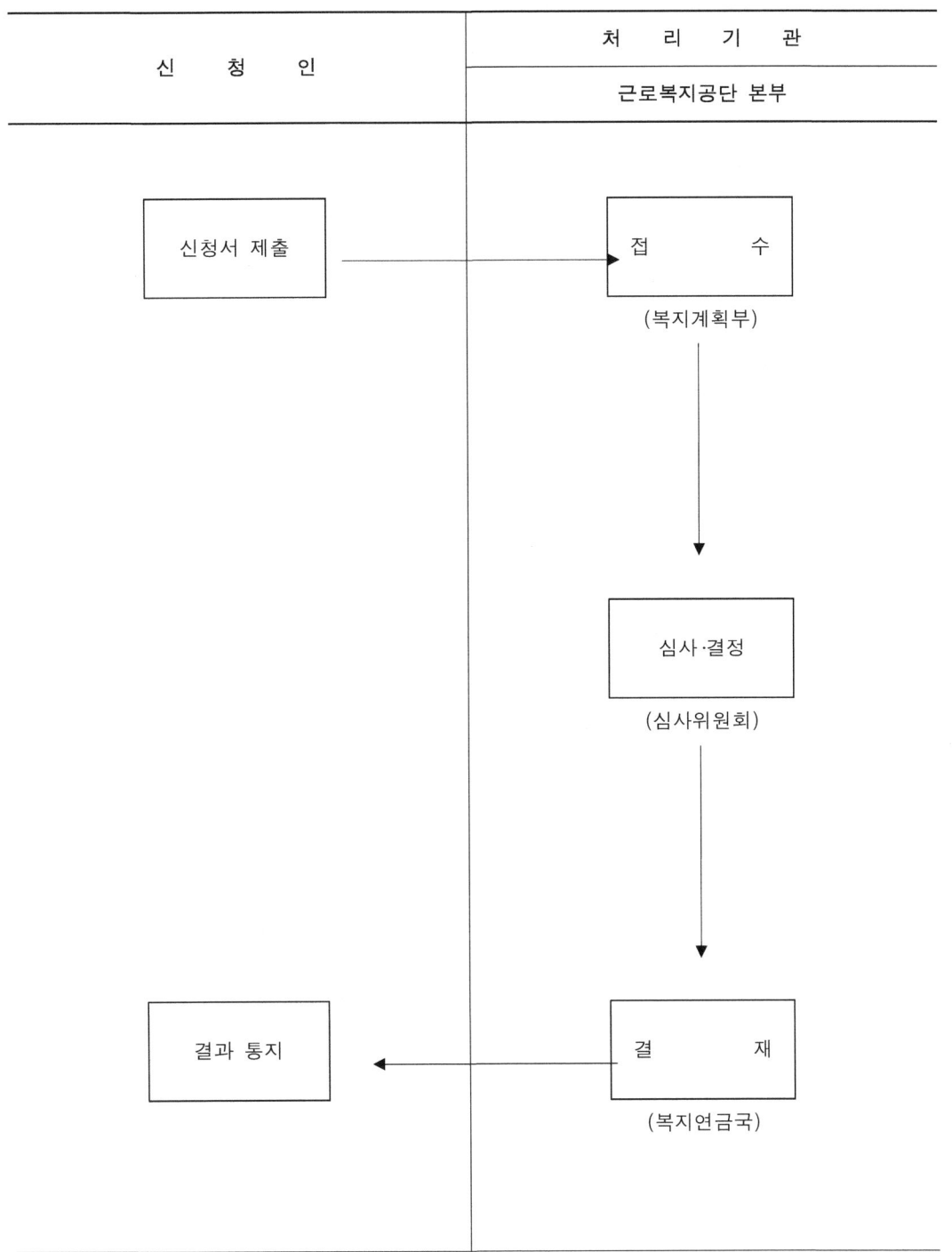

※ 공지사항: 본 신청서 처리결과에 대한 만족도 조사 및 관련 제도 개선을 위해 신청자에게 연락할 수 있습니다.

4장.
사내·공동근로복지기금 운용 가이드라인

사내·공동근로복지기금 운용 가이드라인

제정 퇴직연금복지과-1062   (2021. 3. 4.)

제1장 목 적

□ 사내·공동근로복지기금(이하 "기금")은 그 운용을 통한 수익금으로 근로자의 재산 형성 지원과 생활원조 등을 위한 사업을 시행함이 원칙임

□ 기금의 운용에 대해서는 운용 방법에 대한 제한만 두고 있고 투자의사결정이나 내부 통제에 대한 기준은 미흡한 실정임

  ○ 기금은 예금 등 예금성 상품뿐만 아니라 수익증권·채권 등 투자성 상품으로도 운용이 가능하여 위험자산에 대한 투자로 손실이 발생할 경우, 복지사업의 중단·축소로 이어져 안정적인 기업복지제도 운영에 지장을 초래할 수 있음

□ 기금의 각각의 운용 방법에 대해 투자의사결정 절차나 내부통제에 대한 기준을 제시하여 기금의 투명하고 안정적인 운영으로 근로자의 복지증진을 도모하고자 함

제2장 기금 운용의 기본원칙

□ 기금은 사내·공동근로복지기금법인(이하 '기금법인')의 사업을 지속적으로 시행할 수 있도록 안전성이 높은 방식으로 운용하여야 하며, 생활원조 등 긴급한 자금 지원을 위해 신속히 현금화가 가능하도록 유동성이 높은 자산에 운영되어야 함을 원칙으로 함

□ 기금은 다음의 방법으로만 운용이 가능하며, 그 외의 방법으로는 운용할 수 없음

  ○ 금융회사 등에의 예입 및 금전신탁

    * 국내법에 따라 인가를 받아 금융업을 영위하는 외국 금융회사 포함

  ○ 투자신탁 등의 수익증권 매입

  ○ 국가, 지방자치단체 또는 금융회사 등이 직접 발행하거나 채무이행을 보증하는 유가증권의 매입

    * 국가마다 신인도에 달라 지불보증을 완전히 담보할 할 수 없다는 점에 비추어 '국가'나 '지방자치단체'는 '우리나라'와 '우리나라의 지방자치단체'를 의미

  ○ 기금이 그 회사의 주식을 출연받아 보유하게 된 경우로서 기본재산의 100분의 20 범위에서 복지기금협의회가 정하는 금액의 한도 내에서 그 보유주식 수에 따라 그 회사의 유상증자에 참여

  ○ 「자본시장과 금융투자업에 관한 법률」에 따른 투자회사가 발행하는 주식의 매입

○ 「부동산투자회사법」에 따른 부동산투자회사가 발행하는 주식의 매입

제3장 기금의 운용 방법에 따른 의사결정 절차 및 내부통제

□ **(기본방향)** 운용 상품의 위험도에 따라 투자의사결정 절차를 차등화하고 일정 규모 이상을 투자할 경우 외부전문가의 자문을 거치도록 함

□ **(운용 상품별 의사결정 절차)** 운영 방법에 따른 운용 상품을 다음과 같이 세분화하고 각각의 운용 상품에 대해 다음의 절차를 거쳐야 함

  ○ **(예금)** 기금법인 이사회(또는 이사)의 결의로 운용 가능

  ○ **(금전신탁)** 복지기금협의회의 의결을 거쳐 운용 가능

  ○ **(수익증권)** 복지기금협의회의 의결을 거쳐 운용이 가능하되, 기금 규모의 20% 이상 또는 10억 원 이상 투자 시에는 복지기금협의회의 의결에 앞서 외부전문가의 자문을 받아 이를 심의 시 활용하여야 함

    * "외부전문가"라 함은 「자본시장과 금융투자업에 관한 법률」 제8조제5항에 따른 투자자문업자 또는 투자자문업자에 속한 자(해당 분야의 경력이 3년 이상인 자에 한함)를 말함

  ○ **(국채.지방채)** 국가 또는 지방자치단체가 직접 발행하거나 채무이행을 보증하는 채권은 기금법인 이사회(또는 이사)의 결의로 운용 가능

  ○ **(그 외의 채권)** 신용등급이 상대적으로 높은 A^+ 이상인 채권은 기금법인 이사회(또는 이사)의 결의로 운용 가능하고, 신용등급이 상대적으로 낮은 A 이하인 채권은 복지기금협의회의 의결을 거쳐 운용 가능

    * "신용등급"이라 함은 「자본시장과 금융투자업에 관한 법률」 제9조제17항제3호의2에 따른 신용평가회사가 같은 조 제26항에 따라 부여한 신용등급 중 가장 낮은 등급을 말함

  ○ **(투자회사 또는 부동산투자회사 발행 주식)** 복지기금협의회의 의결을 거쳐 운용이 가능하되, 기금 규모*의 20% 이상 또는 10억 원 이상 투자 시에는 복지기금협의회의 의결에 앞서 외부전문가의 자문을 받아 이를 심의 시 활용하여야 함

    * 자산총액을 기준으로 함

[표] 운용 상품별 의사결정구조

구분	운용 방법	운용 상품	의사결정기구	외부전문가 자문
예금성 상품	① 금융회사 등에의 예입 및 금전신탁	예금	기금법인 이사회	
		금전신탁	복지기금협의회	
투자성 상품	② 투자신탁 등의 수익증권 매입	수익증권	복지기금협의회	투자 규모가 기금의 20% 이상이거나 10억원 이상인 경우 외부전문가 자문 필요
	③ 국가, 지방자치단체 또는 금융회사 등이 직접 발행하거나 채무이행을 보증하는 유가증권의 매입	국채, 지방채	기금법인 이사회	
		금융채 등 사채 / 채권신용등급 A⁺ 이상	기금법인 이사회	
		금융채 등 사채 / 채권신용등급 A 이하	복지기금협의회	
	④ 「자본시장과 금융투자업에 관한 법률」에 따른 투자회사가 발행하는 주식의 매입		복지기금협의회	투자 규모가 기금의 20% 이상이거나 10억원 이상인 경우 외부전문가 자문 필요
	⑤ 「부동산투자회사법」에 따른 부동산투자회사가 발행하는 주식의 매입		복지기금협의회	투자 규모가 기금의 20% 이상이거나 10억원 이상인 경우 외부전문가 자문 필요

참고 수익증권의 종류

기준	종류	내용
투자 지역에 따른 구분	국내	국내자산에 투자하는 펀드
	해외	해외자산에 투자하는 펀드
투자자수에 따른 구분	공모	불특정 다수(50인 이상)를 대상으로 투자자를 모집하여 운용하는 펀드
	사모	50인 미만의 투자자 등을 대상으로 투자자를 모집하여 운용하는 펀드
투자 대상에 따른 구분	주식형	자산의 60% 이상을 주식에 투자하는 펀드
	채권형	주식에 투자하지 않고 자산의 60% 이상을 채권에 투자하는 펀드
	혼합형 / 주식	자산의 50% 이상 60% 미만을 주식에 투자하는 펀드
	혼합형 / 채권	자산의 50% 미만을 주식에 투자하는 펀드
	부동산	부동산에 투자하는 펀드, 대부분 환매가 제한되는 장기투자용도
	특별자산	원자재, 지적재산권 등 증권, 부동산 이외의 자산에 투자하는 펀드
	혼합자산	증권, 부동산, 특별자산 등 투자대상을 제한없이 투자하는 펀드
	MMF	기업어음(CP), 양도성예금증서(CD), 콜(call) 등 단기금융상품에 투자하는 펀드

참고문헌

1. 국내 문헌

김승훈, 『근로복지기본법령집(사내(공동)근로복지기금 발췌)』, 사내근로복지기금연구소, 2025. 1.
법제처 홈페이지(www.moleg.go.kr)
고용노동부 홈페이지(www.moel.go.kr)

※ 본 도서에 수록된 내용은 「저작권법」에 의한 보호대상임을 알리며 저자의 동의가 없는 한 현행 「저작권법」이 허용하는 테두리 내에서만 저작권의 전부 또는 일부에 대한 복사 복제 또는 전제 및 인용이 가능하고 이를 위반하는 경우 관련 법령에 의해서 처벌됨을 알려드립니다.

무단 복사·복제·전제 및 인용은 금지합니다.

이 책의 무단 복사 또는 복제 행위는 「저작권법」 제136조제1항에 의거 5년 이하의 징역 또는 5천만원 이하의 벌금에 처하게 됩니다.

이 책은 사내(공동)근로복지기금법인 설립 및 운영과 관리 실무에 적용될 수 있는 「근로복기지본법」 중에서 사내근로복지기금과 공동근로복지기금에 대한 조문을 발췌 정리하여 관련 업무 수행에 필요한 정보의 제공을 목적으로 하고 있습니다. 그러나 항상 그 완전성이 보장되는 것은 아니기 때문에 당사가 책임지지 않습니다. 따라서 실제 적용할 경우에는 충분히 검토하시고 전문가와 상의하시기 바랍니다.

사내근로복지기금법령집
근로복지기본법령

초판1쇄 발행
2025년 8월 21일

김승훈 지음

펴낸이
김태영

펴낸곳
씽크스마트 책짓는 집

주소
경기도 고양시 덕양구 청초로 66
덕은리버워크 B-1403호

전화
02-323-5609

출판사 등록번호
제395-313000025
1002001000106호

ISBN
978-89-6529-466-5 (13320)

정가
18,000원

ⓒ 김승훈

이 책을 만든 사람들

책임편집
김무영

편집
신재혁

홈페이지
www.tsbook.co.kr
인스타그램
@thinksmart.official
이메일
thinksmart@kakao.com

---

* **씽크스마트** 더 큰 생각으로 통하는 길
'더 큰 생각으로 통하는 길' 위에서 삶의 지혜를 모아 '인문교양, 자기계발, 자녀교육, 어린이 교양·학습, 정치사회, 취미생활' 등 다양한 분야의 도서를 출간합니다. 바람직한 교육관을 세우고 나다움의 힘을 기르며, 세상에서 소외된 부분을 바라봅니다. 첫 원고부터 책의 완성까지 늘 시대를 읽는 기획으로 책을 만들어, 넓고 깊은 생각으로 세상을 살아갈 수 있는 힘을 드리고자 합니다.

* **도서출판 큐** 더 쓸모 있는 책을 만나다
도서출판 큐는 울퉁불퉁한 현실에서 만나는 다양한 질문과 고민에 답하고자 만든 실용교양 임프린트입니다. 새로운 작가와 독자를 개척하며, 변화하는 세상 속에서 책의 쓸모를 키워갑니다. 흥겹게 춤추듯 시대의 변화에 맞는 '더 쓸모 있는 책'을 만들겠습니다.

자신만의 생각이나 이야기를 펼치고 싶은 당신. 책으로 사람들에게 전하고 싶은 아이디어나 원고를 메일(thinksmart@kakao.com)로 보내주세요. 씽크스마트는 당신의 소중한 원고를 기다리고 있습니다.